눈 감고, 도시

후각 청각 촉각 미각, 사감의 도시

효형출판

눈 감고, 도시

후각 청각 촉각 미각, 사감의 도시

1판 1쇄 인쇄 | 2019년 10월 5일
1판 1쇄 발행 | 2019년 10월 15일

지은이 최민아

펴낸이 송영만
디자인 자문 최웅림

펴낸곳 효형출판
출판등록 1994년 9월 16일 제406-2003-031호
주소 10881 경기도 파주시 회동길 125-11(파주출판도시)
전자우편 info@hyohyung.co.kr
홈페이지 www.hyohyung.co.kr
전화 031 955 7600 | 팩스 031 955 7610

값 14,500원

이 도서의 국립중앙도서관 출판예정도서목록(CIP)은 서지정보유통지원시스템 홈페이지
(http://seoji.nl.go.kr)와 국가자료공동목록시스템(http://www.nl.go.kr/kolisnet)에서
이용하실 수 있습니다.(CIP제어번호: CIP2019035298)

이 도서는 2019 새로운 경기, 우수출판콘텐츠 제작지원 선정작입니다.

눈 감고, 도시

후각 청각 촉각 미각, 사감의 도시

최민아 지음

효형출판

오랜 시간 머물던 도시를 한동안 떠나 있다 다시 그곳에 돌아가면 몸이 그 도시를 기억한다는 것을 깨닫는다. 축축한 공원의 풀 냄새를 맡거나, 싸늘한 바람 속 따가운 햇살이 얼굴에 느껴지거나, 낡은 지하철 바퀴가 레일에 마찰되는 소리가 들리는 순간 도시는 자신만의 존재를 내게 상기시킨다. 오랜 기억 속에 묻힌 도시와 주고받은 감각이 자극되면 몸이 기억하는 고유한 도시만의 색깔이 되살아난다.

새로운 도시에 가면 시각이 아닌 후각, 청각, 촉각, 미각이 도시와 먼저 반응한다. 깜깜한 밤에는 낯선 도시의 모습을 알아보기가 쉽지 않다. 하지만 매캐하거나 향기로운 냄새, 자동차와 신호등의 생경한 소리, 축축하거나 후덥지근한 공기, 특정 도시만의 전통 음식은 내가 다른 장소에 와 있음을 알려준다.

흔히 사람들은 고풍스런 건물, 현대적인 빌딩, 화려한 야경을 말하면서 도시에 대한 경험을 이야기한다. 가령 런던에 대해서는 빅토리아 양식의 건물과 초현대적인 건물의 세련됨을, 파리에 대해서는 오스만 시대에 만들어진 방사형 대로의 화려함이나 퐁피

두 센터, 루브르 박물관의 웅장함을 말한다.

하지만 실제로 특정 도시를 기억하게 하는 것은 런던 펍의 목재 냄새, 파리의 카페에서 에스프레소를 마시며 느꼈던 햇살, 바르셀로나 카이사 포럼의 거칠고 갈라진 붉은 벽돌의 촉감, 안개 낀 이스탄불에 낮게 깔리던 에잔 소리다.

어느 순간부터 도시는 내게 시각이 아닌 그곳에 스며든 다양한 감각으로 기억에 남았다. 니스 해변이 바르셀로네타 해변과 다른 것은 꼬뜨 다 쥐르의 푸른 바다색이 아닌 발바닥에 박히던 자갈의 촉감이고, 베트남이 그리운 것은 공기의 후덥지근함과 눅눅함, 고수와 느억 맘 소스의 향 때문이다.

우리는 흔히 오감이라고 불리는 다섯 가지의 감각을 통해 사물과 주변 환경을 인식한다. 눈으로 주변을 바라보고, 귀로 소리를 듣고, 코로 냄새를 맡고, 피부로 촉감을 느끼고, 입으로 맛을 보면서 세상을 느낀다. 하지만 눈으로 정보를 받아들이는 것에 익숙한 우리들은 다양한 감각을 지닌 도시를 이제까지 주로 시각을 통해 받아들였다. 그러나 시각은 도시의 살아 있는 모습을 느끼게 하는 전부가 아니다. 직접 그 도시를 방문하지 않아도 우리는 얼마든지 사진이나 다큐멘터리를 통해 도시의 모습을 눈으로 볼 수 있다. 그렇기에 도시에 대한 진실한 경험을 만드는 것은 후각, 청각, 촉각, 미각이다.

역사 속 도시 공간을 찬찬히 살펴보면 냄새, 소리, 촉감, 맛은 단순히 도시를 풍요롭게 하는 부차적인 역할의 조연 배우가 아니라 도시의 형태를 직접 만든 주연 배우였다. 도시는 시각적인 아름다움만을 위해 발전한 것이 아니다. 냄새를 따라 움직이고, 소리에 의해 지배되고, 새로운 촉감을 찾아 모험을 겪고, 공간에 맛을 담으며 변화했다.

눈을 감아보면 도시는 냄새, 소리, 촉감, 맛의 다양한 언어로 말을 건넨다. 바람에 실려 코끝을 스치는 냄새, 담을 넘어 들려오는 소리, 손끝에 닿는 촉감, 전통적인 맛은 수만 개의 언어로 자신의 존재를 전한다.

도시가 주는 시각적인 자극은 시시각각 변하는 생명감이 잘 느껴지지 않는다. 건물의 외관은 시간이 지나도 크게 바뀌지 않는다. 하지만 냄새, 소리, 촉감, 맛은 매순간 변한다. 이 다양한 감각들은 도시를 다채로운 존재로 만든다.

이 책을 읽는 데는 긴 설명이 필요 없다. 그냥 길을 천천히 걸어가는 것처럼 여유롭게 글을 따라가면서 풍부한 감각으로 도시를 느끼면 된다. 책을 읽으며 눈을 감고 도시를 손끝으로 느껴보거나 오래된 담벼락에 등을 기대 보면 더욱 좋을 것이다. 바람에 실려 오는 냄새를 맡거나 귀를 스치는 소리를 들어 보면 도시를 더 생동감 있게 느낄 수 있을 것이다. 그렇게 풍요롭고 살아 있는 도시의 이야기와 만나기를 바란다.

이 책을 통해 저마다 도시에서의 경험이 특별한 감각으로 자신과 서로 연결되어 있음을 떠올리기를 바란다. 누구나 자신이 정말 좋아하는 것은 보지 않아도 느낄 수 있다. 가끔은 보지 않을 때 오히려 감정이 더욱 풍부해지기도 한다. 우리가 살고 있는 도시도 그렇다. 보이는 것에 가려져 보이지 않는 도시의 이야기는 눈을 감으면 더 풍요로워진다. 맡고, 듣고, 만지고, 맛보고 싶은 도시가 진짜 살아 있는 도시이다.

책에 담긴 수많은 도시를 함께 다닌 남편 성근과 다채로운 지식으로 책에 영감을 준 지우에게 고마움을 전한다. 나와 함께 매번 도시를 옮겨 다니며 생활하는 해서의 생기와 유쾌함 덕분에 파리에서 함께 보낸 두 번째 해는 더욱 즐거웠다고도 말하고 싶다.

　책을 쓰면서 작은 에피소드가 있었다. 초고를 마친 후 사진 자료를 보완하기 위해 짧은 일정으로 바르셀로나에 갔다. 마지막 날 아침, 좁고 어두운 골목에서 들러야 할 장소를 겨우 몇 십 미터 앞에 놓고 손에 들고 있던 핸드폰을 소매치기 당했다. 이 책에 실을 모든 사진을 잃어버릴 절망적인 상황에서 남편은 바르셀로나의 좁은 골목을 내달리며 소매치기를 쫓았다. 이른 아침에 울려 퍼지는 소란을 듣고 주변 호텔 직원도 뛰쳐나와 같이 달렸다. 결국 이들의 도움으로 핸드폰을 되찾아 책에 바르셀로나 사진을 무사히 실을 수 있었다.

　모든 힘을 다해 핸드폰을 찾아준 Joanquin Luna와 이름을 미처 물어보지 못한 바르셀로나 청소부 아저씨에게 깊은 고마움을 전한다. 시작하는 글을 쓰는 이 순간의 전날, 수백 킬로미터를 달려가 찾아 뵌 Roberte Gagnon 수녀님께도 깊은 우정과 사랑을 전한다.

　도시는 직접 만져 보고, 좁은 골목을 빙빙 돌며 달려 보고, 누군가에게 도와 달라 소리쳐 보고, 하루 종일 걸어 다리가 아파서 주저앉거나, 구두를 벗고 맨발로 걸어볼 때 진정으로 느낄 수 있다. 눈으로 기억한 도시는 스쳐 지나가지만, 맡고, 듣고, 만지고, 맛본 도시는 몸과 마음에 깊이 남는다.

2019년 초가을,
파리 뤼 뒤 박Rue du Bac에서

최민아

차례

작가의 글 4

I

도시의 냄새를 맡다

Smell of City

향수에 다양한 향이 조화롭게 담긴 것처럼
도시에도 사람들의 다양한 삶의 냄새가 배어 있다.

악취에 시달리던 파리

루이 14세의 하이힐

과거의 파리에서는 청결이라는 단어를 찾아보기 힘들었다. 귀족
들은 머리를 감는 대신 가발을 썼고, 몸을 씻지 않고 향수를 뿌렸
다. 사람의 몸에서 악취가 나던 시절 향수는 사람들의 구원자였
다. 오트 쿠튀르Haute Couture*, 화장품, 향수와 보석으로 유명한 지
금의 고급스러운 파리를 떠올리면 상상하기 힘든 일이다.

　향수는 제품에 따라 느낌이 다르고 한두 방울로도 원하는 분
위기를 연출할 수 있어 사람들에게 사랑받는다. 이집트 시대에
제사를 지내거나 미라를 만들 때 사용된 향수는 로마 시대 이후
꽃, 식물에서 향을 얻으면서 점차 방향제로 쓰였다. 동양에서도
오래전부터 사람들이 사향을 지니고 다녔다고 하니 좋은 향에
대한 애착은 동서양이 비슷했다고 할 수 있다.

　로마 시대에는 향수 가게가 번창했을 정도로 향수를 좋아했
으나 금욕을 중시했던 기독교의 영향으로 중세에는 향수 사용이

---

* '고급의'를 뜻하는 '오트'와 '재봉' 또는 '맞춤복'을 뜻하는 '쿠튀르'를 합친 말로,
　예술성을 최대한 중시하여 고급 여성복을 제작한다는 의미이다.

주춤했다. 13세기 십자군 원정과 15세기 후반 콜럼버스가 새로운 항로를 발견한 후 사람들은 다시 향수를 즐겨 찾았다. 14세기 헝가리 엘리자베스 여왕은 아름다움을 돋보이기 위해 로즈마리 오일을 알코올에 녹인 '헝가리 워터'를 애용했다. 1533년에는 이탈리아 메디치가' 출신 왕비 카트린 드 메디시스Catherine de Médicis가 프랑스 왕가와 결혼한 후 향수 제조자인 르네 르 플로렌틴René le Florentin을 프랑스로 데려온다. 그가 파리의 퐁또 샹쥬Pont au Change 다리 근처에 향수 가게를 열어 라벤더 오일을 판매하면서 사람들은 다시 향수에 매료된다.

향수가 재등장하자 왕족과 귀족은 자신의 몸은 물론 공간에도 향수를 뿌렸다. 향수가 유행한 원인에는 사람들이 좋은 향에 이끌린 점도 있지만 당시 사람들의 몸과 거주 공간이 악취에 찌들어 있던 이유가 크다. 화려한 외모로 유명했던 루이 14세는 가발과 하이힐로 자신의 외모를 가꿨다. 하지만 태양왕이었던 그도 거의 목욕을 하지 않았기 때문에 온몸에서 뿜어져 나오는 악취를 가리기 위해 향수를 애용했다.

16세기 베네치아 여성들은 거리의 오물을 피하기 위해 하이힐을 만들었다. 루이 14세는 자신의 멋진 다리를 뽐내려고 화려한 하이힐을 애용했다. 베르사유 궁전에 화장실이 없어서 귀족들은 숲에서 대충 볼일을 해결했으며 하이힐을 신고 오물을 피했다. 궁궐의 사정이 이러하니 일반인이 사는 곳은 얼마나 악취로 가

---

* 르네상스 시기의 이탈리아 명가. 피렌체의 지배자로 13세기 말부터 동방 무역과 금융업으로 번성하였으며, 문예를 보호하고 장려하여 르네상스에 크게 공헌하였다.

01

02

01
엘리자베스 여왕은 '헝가리 워터'로 신경통을
극복하고 건강과 아름다움을 되찾았다.
그녀는 초동안의 미모로 20살이나 어린
폴란드 왕자에게 청혼까지 받았다고 한다.

02
17세기 프랑스 귀족은 목욕을 하기보다는
향수로 악취를 가리고 냄새를 피하고자 했다.
루이 14세도 예외는 아니었다.

득했을지 상상하지 않아도 뻔하다.

이전의 중세 도시에도 악취는 여전했다. 다만 당시에는 고통을 참는 것이 선이라는 기독교의 영향으로 사람들은 악취에 민감하게 반응하지 않았을 뿐이다. 그러나 중세 이후 향수가 발달하자 귀족과 부르주아는 향수를 찾았고 이러한 사회 모습은 프랑스 혁명까지 계속됐다.

18세기에 계몽주의의 영향을 받은 부르주아는 절제, 중용, 근면을 미덕으로 내세웠다. 그들은 스스로를 하층민과 구별하기 위해 빈민의 냄새를 구체적으로 규정하려 했다. 그리하여 빈민가의 오물, 분뇨, 하천, 도축장의 동물 사체나 교회의 부패한 시신이 악취의 근원임을 찾아냈다. 악취와 빈민 생활 환경의 밀접한 관계가 밝혀지자 부르주아는 빈민을 더럽고 냄새나는 계층으로 여겼다. 악취는 곧 사회 계층과 연결되어 빈민이 사는 곳은 비위생적이며 질병이 발생하기 쉬운 지역으로 인식되었다.[1]

파리 귀족의 노상 방뇨

파리는 관광객이 화장실을 찾기 힘들다고 말하는 도시로 악명이 높다. 공중화장실이나 유료화장실에 들어가면 악취가 심하고 지저분해서 다시 나오고 싶은 생각이 간절하다. 오죽하면 몇 년 전에 『파리에서는 어디서 쉬를 하지?Où faire pipi à Paris?』라는 책까지

나와 인기를 얻었을까 싶다. 파리의 비위생적인 환경은 역사를 살펴보면 예전부터 내려온 전통이었다. 수백 년 전으로 거슬러 올라가 보면 화려하게 꾸민 귀족 마님도 평민처럼 악취를 만들어 낼 수밖에 없었다.

당시의 파리는 도시 밖까지 배설물 냄새가 풍겼고 당시 상황을 '끔찍한, 구역질 나는, 참을 수 없는' 악취라고 묘사한다. 이때의 기록을 보면 과거 유럽으로 여행을 떠난다는 것이 얼마나 고역스러울지 알 수 있다. 악취는 파리에서 해결되어야 하는 가장 중요한 문제였다.

파리의 구시가지는 늘 악취로 가득했다. 위생 관념이 없던 사람들은 오물을 창밖으로 던져 버리기까지 했다. 18세기 파리의 악취에 대한 문헌을 보면 튈르리 공원은 사람들이 배설하러 가는 공중화장실이고, 센 강에서 산책하는 사람은 배설하려는 사람뿐이라고 언급되어 있다.[2]

화장실 문제가 시급해지자 파리에는 구멍을 파서 만든 화장실도 있었다. 하지만 위치가 너무 멀어서 남자들은 아무 데서나 용변을 해결했고, 여자들은 치마 속에서 볼일을 보는 현명한 방법을 찾아냈다. 심지어 화장실 오물이 우물로 흘러 들어갔고, 그 물로 빵을 만드는 일도 있었다. 18세기 사람들이 어떻게 생리 현상을 해결했으며 파리의 악취가 어떠했는지 설명하는 문헌을 읽으면 입맛이 떨어질 정도로 비위가 상한다.

01

02

01
루이 마렝 보넷(Louis-Marin Bonnet),
〈숨겨봤자 소용없어〉, 1772, 프랑스 국립
전자도서관(Gallica/Bnf) 소장. 르 끌렉(Le
Clerc)의 그림을 판화로 옮긴 것이다.

02
프랑수아 위오(François Huot), 〈튈르리
정원에서 프로뱅스 정치인들의 신문 읽기〉,
1790, 프랑스 국립 전자도서관(Gallica/Bnf)
소장.

근대의 오물과 악취는 파리만의 문제가 아니었다. 20세기 초 한양에 관해 쓰인 문헌에는 개천에 오물이 떠다녀 냄새가 진동하고 그 물을 식수로 쓴다고 기록되어 있다. 추운 겨울에는 그나마 냄새가 덜했고, 여름에는 장마로 오물이 떠내려갔지만, 봄이 되면 온 도시에 악취가 진동했다고 말하고 있다. 정조 때 인구 18만 명을 넘긴 한양은 구한말부터 무분별하게 버려진 분뇨와 쓰레기로 도시 전체가 악취와 오물로 가득했다. 1920년대까지 길거리에 배설하지 말라는 신문 기사가 심심찮게 등장했던 것을 보면 백여 년 전까지 악취가 얼마나 심했을지 상상하기 어렵지 않다.

악취는 파리나 한양만의 문제가 아니라 근대 이후 증가하는 인구를 수용할 기반 시설을 갖추지 않은 도시의 공통 문제였다. 현대 이전의 동서양에서는 시민들이 배출한 분뇨와 오물에서 나는 악취가 수십 년에서 수백 년 동안 대기를 뒤덮었다.

13구역의 비밀

끔찍한 악취로 뒤덮인 도시에서 살아남으려면 악취가 나지 않는 곳으로 도망가야 했다. 파리 주변의 고급 주택가는 자연스레 악취가 덜한 서쪽에 발달했고 악취가 심한 동쪽은 노동자들의 주거지가 됐다. 파리의 구조는 동서가 갸름한 둥근 형태로, 중앙에는 센 강이, 동쪽에는 뱅센느 숲이, 서쪽에는 불로뉴 숲이 있다. 동서쪽은 유사해 보이지만 거주하는 계층이나 주거지를 보면 매우 다르다.

서쪽은 숲으로 둘러싸인 넓은 녹지에 아름답고 부유한 저택이 많아 한눈에 보아도 부르주아 계층의 터전임을 알 수 있다. 하지만 동쪽은 작고 허름한 주택이 밀집해 있어 서쪽과 상당히 대조된다. 대도시 변두리 지역의 전형적인 모습을 볼 수 있는 이곳에는 실제로 서민이나 이민자가 많이 산다.

이처럼 서쪽에는 부유층과 중산층이, 동쪽에는 서민층이 주로 거주하게 된 이유는 바람 때문이다. 프랑스는 국토의 서쪽에 대서양이 있다. 기류는 대서양 연안에서 내륙으로 불어와 서쪽에서 동쪽으로 흐른다. 바람은 공기의 흐름에 따라 서쪽에서 동쪽으로 분다. 파리의 공장은 대부분 동쪽에 있는데, 이는 서쪽에서 불어온 바람을 따라 공장에서 나는 악취와 연기가 동쪽으로 흐르는 것을 감안한 배치이다. 때문에 공장의 매연이 흘러나오는 동쪽에 서민들의 열악한 주택이, 공기가 맑고 깨끗한 서쪽에 부르주아 계층의 고급 주거지가 발달했다. 우리가 잘 아는 베르사유 궁전도 파리의 서쪽에 위치해 있다.

피에르 모렐Pierre Morel 감독의 영화 〈13구역District 13〉은 가상의 프랑스 슬럼가인 13구역에서 마약을 매개로 벌어지는 폭력을 다룬다. 영화 속 정부가 거대한 벽으로 막아 버린 폭력이 난무하는 무정부상태 구역의 이름은 왜 '13'일까? 프랑스는 1972년부터 5자리 우편번호를 사용했다. 오십여 년 이상 한 지역을 특정한 숫자로 표시하니 도시 이름보다 우편번호가 지역 이미지를 대표한다.* 영화 제목의 힌트는 바로 여기에 있다.

파리의 우편번호는 75로 시작하고, 그 뒤에 붙은 숫자는 구를 표시한다. 루브르궁이 있는 파리의 중심인 1구는 '75001'이고, 에 펠탑이 있는 7구는 '75007'이다. 그중 이민자가 많이 사는 13구의 우편번호는 '75013'이다. 파리 동쪽은 93과 94인데, 특히 동북쪽을 어우르는 93 지역은 센-생드니Seine-Saint-Denis 이민자나 흑인이 많이 거주한다. 1960~70년대에 집중적으로 지어진 열악한 고층 아파트가 많은 이곳은 폭력 사건이나 방화 사건이 자주 발생한다.

1980년대부터 93 지역을 거점으로 삼아 대학 캠퍼스와 디즈니랜드를 계획했지만, 아직도 이 지역은 서쪽의 92 지역에 비해 불안정하고 경제적으로 낙후하다. 영화 제목은 서양의 종교와 연관된 숫자 13에 대한 부정적 이미지에도 영향을 받았을 것이다. 때문에 프랑스인은 13구나 93 지역을 듣는 순간 열악한 도시 환경과 저소득층을 떠올린다.

이처럼 냄새는 도시 환경에 영향을 미친다. 부르주아 계층은 공장의 악취를 피하기 위해 동쪽이 아닌 서쪽을 선택해 그들만의 쾌적한 주거지를 만들었다. 아름다운 경치, 편리한 교통 등

---

* 짚코드(Zip Code)라고 불리는 프랑스의 우편번호는 1964년에 도입되어 1972년에 오늘과 같은 5자리가 되었다. 5자리 숫자 중 앞의 2자리는 우리나라의 도 (都)에 해당하는 데파르트망(Departement)을 표시한다.

01
02

01
부르주아 계층이 많이 거주하는 파리 6구는
집세나 주택 가격이 높고 유명한 문화시설과
좋은 학교가 많다.

02
감각적인 그라피티가 그려져 있는 파리
19구에는 주로 이민자나 저소득층이 많이
거주한다.

좋은 주거 환경의 조건은 사람마다 다를 수 있지만, 이 모든 것은 악취가 없는 지역이라는 기본 조건을 갖춰야 가능할 것이다. 13구역은 악취를 피해 도망갈 수 없던 저소득층의 불가피한 선택이었다.

하수도가 만든 빛의 도시

19세기 후반, 파리 귀족들 사이에서는 파리에 새로 만들어진 하수도 속 지하 세계를 탐험하는 일이 유행이었다. 당시 그림을 보면 귀족들은 하수도 양측에 서서 일꾼들이 미는 탈것에 올라 넓고 높은 지하 세계를 돌아보고 있다.

나폴레옹 3세에 파리는 문명의 도시로 변화했다. 혁명 이후 불안정했던 사회가 빛의 도시가 된 것은 1850년대부터이다. 1853년에 파리 도지사로 임명된 오스만 남작Baron Haussmann은 파리 도시 개조 사업을 통해 파리를 산업혁명에 걸맞는 도시로 만들기 시작했다.

파리는 오스만의 정비 사업으로 중세의 비좁고 밀집된 도시를 벗어나 대규모 기반 시설을 갖춘 근대 도시로 변한다. 낡은 건물이 철거되면서 방사형으로 넓은 도로망이 형성됐고, 새로 개설되는 도로 지하에는 거미줄처럼 촘촘히 하부를 연결하는 하수도가 정비됐다.

1854년에 하수도 정비 사업이 시작되자 오물로 뒤덮였던 파리는 악취에서 해방되었다. 파리의 도로는 13세기부터 부분적으로 포장됐지만 배수 시설이 제대로 갖춰지지 않아 도로는 진흙과 먼지로 뒤덮인 시궁창이나 다름없었다. 그러나 지하에 대규모 하수도가 조성되고 토목 기술이 발달하면서 길도랑의 자연 경사를 활용해 빗물과 오수가 하수도로 쏠려 내려갔다. 합리적인 도시 설계와 기술의 발달은 수 세기 동안 사람들의 삶을 고통스럽게 했던 악취에서 해방시켰다.

하수도를 통해 새로운 지하 세계가 열리자 많은 사람들이 땅속 세상을 구경하기 위해 몰려들었다. 오늘날 파리 하수도의 총 길이는 2,500킬로미터로, 파리의 도로 전체 길이인 1,700킬로미터보다 훨씬 길다.[3] 19세기 중반 유젠 벨그랑Eugène Belgrand은 상수도관과 하수도관을 함께 설치하였고, 1878년에 600킬로미터의 길이가 조성되었다. 또한 하수도를 보수하고 관리하는 사람이 설 수 있는 공간도 만들어 현대 도시 관리의 개념을 지하 공간에 적용했다.

파리 하수도는 규모와 체계가 매우 놀랍다. 기능에 따라 다섯 가지 종류의 하수도관으로 구분되어 각 건물을 직접 연결하는 관이 있다. 모든 도로에 매립되는 기본 하수도는 직경이 1.3미터이다. 2차 집수 하수관은 3미터, 메인 집수 하수관은 5~6미터이며 주로 불바르Boulvard 대로의 지하에 묻혀 위계에 따라 연계되어

01
모렝 에드몽(Morin Edmont), 〈파리 하수도 산책〉, 1865, 까르나발레 박물관(Musée Carnavalet) 소장.

02
현재 박물관이 된 파리 하수도는 하수도의 역사와 구조, 하수구 청소법 등 흥미로운 자료를 소개하고 있다.

있다. 이렇게 모인 하수는 방출관을 통해 하수 처리장으로 보내진다. 지하 세계에 과학과 수치가 적용된 순간 사람들은 악취에서 해방되어 쾌적한 환경에서 살기 시작했다.

하수 처리 시설이 갖춰지고 위생 관념이 뚜렷해지면서 하수도 사용을 의무화하는 법률이 만들어졌다. 1894년에는 건물에서 사용한 오수와 빗물을 반드시 하수도로 버려야 하는 법률이 제정되자 오물로 가득 했던 센 강은 다시 맑아졌다.

19세기 프랑스의 하수도는 기존에 상상도 못했던 새로운 세상이었다. 지금도 하수도 박물관에서 파리 땅속의 길고 넓은 하수도 회랑을 관람할 수 있다. 근대 도시가 형성될 무렵 위생적인 건물과 넓은 공원을 만들면서 악취가 줄어들었지만, 근본적으로 악취를 사라지게 한 것은 하수도의 정비이다. 빅토르 위고의 소설 『레 미제라블Les Misérables』에서 장발장이 자베르의 추격을 피해 도망치는 배경으로도 유명한 파리의 하수도는 오물과 악취로 가득했던 도시를 빛의 도시로 재탄생시켰다.

센 강은 누구나 산책하고 싶어 하는 낭만적인
곳이지만 과거에는 오물로 뒤덮여 아무도
가지 않는 곳이었다.

냄새로 말하는 도시

그 도시, 그 냄새

사람마다 냄새가 다른 것처럼 도시도 부분마다 냄새가 다르다. 오래된 석탄, 침목, 이끼, 연탄 냄새는 탄광촌에서 강하게 느껴진다. 석탄이 높게 쌓인 야적장과 기차역에서는 햇빛에 달궈진 철도와 녹슨 수레 냄새가 짙게 배어 있다. 사람들은 새로운 생활을 찾아 떠났지만 도시에 밴 탄광 냄새는 지난 시간을 여전히 담고 있다.

새로운 꽃향기가 변하는 계절을 알리는 것처럼, 도시도 냄새에 따라 변한다. 매년 12월 초가 되면 파리 튈르리 정원Jardin des Tuileries에서 샹젤리제 거리로 가는 길에는 크리스마스 시장이 열린다. 이곳에는 평소에는 접하기 힘든 치즈, 초콜릿, 뱅쇼따뜻한 와인 냄새가 가득하다. 산타의 통나무집에 있을 법한 털이 푹신한 순록의 퀴퀴한 냄새, 독일식 양배추 절임과 소시지가 섞인 슈크르트의 시큼한 냄새도 난다.

파리의 크리스마스 시장은 레알Les Halles의 새로 단장한 쇼핑몰, 셰익스피어 앤드 컴퍼니 서점 건너편에 있는 공원, 생 제르맹Saint-Germain, 스트라스부르Strasbourg, 보르도Bordeaux, 리옹Lyon, 니스Nice에서도 열린다. 크리스마스 시장이 열리면 사람들은 비로소 바빴던 한해를 즐거움과 기쁨으로 마무리한다.

사람의 후신경은 매우 섬세해서 만 가지 이상의 냄새를 구분할 수 있다. 우리는 그 덕에 와인 한 잔을 마실 때도 다양한 향을 맡으며 모든 감각을 느낀다. 눈으로는 와인의 색을, 귀로는 와인을 따를 때의 소리를, 입으로는 와인의 맛을, 코로는 와인의 향기에 취한다. 와인의 향은 느낌이 매우 다른 아로마Aroma와 부케Bouquet로 나뉜다.

아로마는 와인을 잔에 따를 때 바로 느껴지는 자두, 체리, 라즈베리, 살구, 풀과 같은 상큼하고 달콤한 향이다. 아로마가 처음 코끝을 감돌고 나면 부케라는 묵직한 향을 맡는다. 부케는 와인이 발효와 숙성을 거치면서 나는 향으로, 구운 토스트, 바닐라, 가죽, 코르크, 송로 버섯과 같은 냄새를 느낄 수 있다. 불어로 꽃다발, 와인 향, 작은 숲을 의미하는 부케는 결혼식에서 신부가 드는 꽃다발이기도 하다. 우리가 와인을 사랑하는 것은 어쩌면 신부의 꽃다발에서 나는 아름다운 향기가 와인을 연상케 하기 때문인지도 모른다.

와인 한 잔에서도 향기를 찾아내는 후각은 도시와 반응할 때 더 풍부한 상상력과 오감을 자극한다. 향기는 도시를 기억과 이미지가 풍부한 장소로 채색한다. 냄새는 사람마다 취향이 다르기 때문에 개인적인 경험이다. 하지만 한편으로는 사람들이 도시에서 느끼는 냄새가 비슷한 경우도 있어 이는 일종의 공통된 느낌이 되기도 한다. 그리고 이 공통된 냄새는 도시에 대한 이미지와 느낌으로 연결된다.

19세기 말 보들레르는 파리를 떠나 브뤼셀로 거처를 옮겨 저술에 몰두하였다. 그는 각 도시가 고유한 냄새를 지니고 있다고 썼다. 파리는 시큼한 양배추, 케이프타운은 양떼, 러시아는 가죽, 리용은 석탄, 브뤼셀은 올리브 비누, 동양은 사향과 썩은 고기 냄새가 난다고 했다.[4]

보들레르 외에도 프랑스를 대표하는 철학자이자 문학자인 롤랑 바르트가 도시의 냄새에 대해 이야기했다. 그는 남프랑스의 쁘띠 바이욘느Petit Bayonne에서 어두운 향신료 가게, 공기가 통하지 않는 계단, 오래된 목재의 왁스, 바스크 지역 여성들의 올린 머리, 작은 상점과 수공예품 가게, 시립 도서관의 종이 먼지가 모두 섞인 냄새를 맡을 수 있다고 언급했다.[5]

롤랑 바르트의 묘사를 보면 이국적인 향신료 가게들이 모인 좁은 골목과 전통 시장이 떠오른다. 축축한 돌과 오래된 나무로 지어진 건물, 빛이 잘 들지 않지만 사람들의 손때로 반들반들 닳아 있을 공간의 냄새가 느껴진다. 오래된 장서로 가득한 쁘띠 바

01
수백 년 된 유럽의 성당에 들어서면 공간을
구성하는 묵은 석회석, 제단의 촛농, 습하고
오래된 타피스리, 나무 의자의 왁스, 지하와
종탑으로 연결되는 퀴퀴한 계단 냄새가 난다.

02
생트 즈네비에브(Sainte-Geneviève)
도서관 서가에서는 두 세기 넘게 자리를
지키는 오래된 책 냄새가 난다.

이욘느의 시립 도서관 내부는 높은 천장에서 서늘한 기운이 들 것이다. 도서관에 빼곡히 쌓인 낡은 책에서 느껴지는 시큼한 종이 냄새는 공기에 배어 오랜 도시의 문화를 전할 것이다.

아무리 잘 찍은 사진이라도 복합적인 도시의 모습을 한두 장으로 담아내기 어렵다. 하지만 냄새에 대한 기록은 도시의 전체적인 분위기와 사람들의 모습을 세밀하고 생동감 있게 전해준다. 각 도시는 고유한 냄새를 지니기도, 냄새로 계절의 변화를 알린다. 같은 장소에서 새로운 냄새가 나면 공간도 새로워진다. 누군가 어떤 도시에 반했다면 그 이유는 도시의 냄새 때문인지도 모른다. 냄새로 말하는 도시는 항상 살아 있는 것처럼 느껴진다.

자연의 향기를 찾아서

하루의 향기

도시는 인류 문명의 발자취나 눈부신 경제 성장, 새로운 사회 변화를 보여주기도 하지만, 사람들이 매일 평범한 하루를 보내며 생활하는 공간이다. 19세기 이후 도시는 악취에서 벗어나 새로운 향기를 입었다.

향기가 도시에 스며들었다는 것은 사람들의 생활이 여유로워졌음을 의미한다. 19세기 후반 도시에 공원이 생기면서 꽃향기와 풀숲, 나무 향이 도시로 퍼져 나갔다. 도로에 가로수를 줄지어 심고 빈 공간에 화단을 만들어 매연의 탁한 공기 대신 싱그러움과 향기를 가져다주었다.

거리에는 카페가 들어서면서 과거 귀족들이 즐기던 커피를 누구나 즐길 수 있게 되었다. 사람들이 바쁜 하루를 상쾌하게 시작하게 만드는 커피는 어느 도시에서나 느낄 수 있는 일상적이고 친숙한 향이다. 같은 커피라도 에스프레소에서는 단정함이, 플랫 화이트에서는 세련됨이, 캐러멜 마키아토에서는 달콤함이 전해진다.

커피 향이 아침을 상쾌하게 하는 것만큼 추운 겨울날 퇴근길의 붕어빵은 달콤함으로 피곤함에 꽁꽁 언 몸과 마음을 녹여준다. 버터가 잔뜩 들어간 크루아상이 주는 따뜻한 느낌도 마찬가지이다. 하루 일을 시작하거나 끝낼 때 우리를 위로해 주는 것은 도시에 밴 향기이다.

하지만 도시의 향기는 개인적인 경험이나 성향에 따라 달라서 객관화가 어렵다. 누군가는 연기 냄새에서 크렘 브륄레(Crème Brûlée)*의 달콤함을, 누군가는 소방서에 신고해야 할 것 같은 불안감을, 또 다른 누군가는 명상을 하고 싶은 평안함을 느낄 것이다. 어떤 사람은 현대적인 건축물에 매력을 느끼지만 누군가는 디즈니랜드처럼 화려한 건물에서 따뜻함을 느끼는 것과 마찬가지로 냄새에 대한 취향도 사람마다 다르다.

저녁 무렵이면 서울에는 포장마차가, 후쿠오카에는 야타이가, 파리에는 레스토랑의 야외 테이블이 거리에 펼쳐진다. 저녁에 신기루처럼 나타나는 이들은 내려앉는 저녁 공기에 따뜻한 냄새를 더해 생기를 불어넣는다. 하루의 끝에 풍기는 도시의 냄새는 '열심히 일한 당신, 이제는 쉬고 즐기세요.'라고 말하면서 분주했던 거리를 여유로운 공간으로 만든다.

리어카나 포장마차는 세련된 푸드 트럭으로, 붕어빵은 크레페나 타코야키로 바뀌었다가 타코와 큐브 스테이크 냄새로 변한다.

---

* 커스터드 크림 위에 캐러멜 막이 바싹 부서지는 프랑스 디저트. '브륄레'는 '탄'을 뜻한다.

하지만 그 냄새가 무엇이든 사람들이 하루를 마무리하는 저녁의 냄새는 일상생활의 소박함과 익숙함이 주는 편안함, 그리고 오늘 하루도 잘 마무리했다는 안도감을 준다.

골목의 냄새

커피를 볶는 향, 갓 구운 와플 냄새는 한낮보다 이른 아침이나 저녁에 잘 느껴진다. 아침과 저녁은 대기 온도가 낮아 공기가 가라앉아서 냄새가 잘 날아가지 않기 때문이다. 좁고 긴 골목에서도 공기가 흩어지지 않아 냄새가 쉽게 고인다.

잉크와 쇠 냄새가 섞인 인쇄 골목, 나무와 도장 냄새가 섞인 가구 골목은 각각 다른 냄새가 난다. 예전의 인쇄 골목에서는 필름 카메라의 사진을 현상하기 위한 시큼한 약품 냄새가 났다. 조선 효종 시절부터 약재를 주로 팔던 약전 골목과 6·25 때부터 자리 잡은 책방 골목에는 골목 전체에 독특한 냄새가 배어 있다. 요즘 들어 많아진 아귀찜 골목이나 치킨 골목, 떡볶이 골목은 음식 냄새가 골목의 주인이다.

파리 중세를 잘 담고 있는 카르티에 라탱Quartier Latin*은 좁은 골목들이 길게 뻗어 서로 얽혀 있다. 창이 겨우 두 개 있는 좁은 목조 건물들이 칠팔백 년 전 모습을 잘 전하는 이곳은 새벽에는 과일과 생선 냄새, 밤에는 퐁듀와 와인 냄새가 가득하다. 저녁이면

---

* 중세부터 대학가가 발달했고, 당시 수도원과 대학에서는 라틴어를 사용하여 카르티에(동네를 뜻함) 라탱으로 불린다.

카르티에 라탱의 좁은 골목에는 커피, 와플,
햇살, 나무 등 따뜻한 냄새가 가득하다.

좁은 골목마다 가게에서 풍기는 냄새가 분위기를 들뜨게 하고, 사람들은 이곳에서 새벽까지 환하게 열려 있는 파리의 아기자기한 공간을 즐긴다.

카파르 차르쉬라고 불리는 이스탄불의 그랜드 바자르는 세계에서 가장 큰 지붕이 덮인 시장으로 유명하다. 이슬람 모스크를 닮아 거대한 돔처럼 보이는 이 시장의 내부에는 수십 개의 긴 골목이 있다. 동양과 서양이 만나는 접점인 그랜드 바자르는 1455년 모하메드 2세가 보석과 섬유를 교역하기 위해 처음 만들었다. 이후 수백 년간 수차례의 증축과 재건축을 거쳐 오늘날의 웅장한 모습을 지니게 되었다.

그랜드 바자르에 들어가면 육십 개가 넘는 골목에 사천여 개의 상점이 늘어서 있다. 각 골목은 향신료, 천, 양탄자, 보석, 도자기, 터키쉬 딜라이트를 파는 가게들로 빼곡하다. 비슷한 물건을 파는 상점들이 모인 골목은 마치 특색 있는 또 다른 시장처럼 느껴진다. 매콤하고, 향긋하고, 퀴퀴하고, 달콤한 냄새가 나는 골목은 고유한 도시의 냄새를 담는다.

포스트모더니즘은 향기 속에

향신료와 향수를 파는 시장에서 느낄 수 있는 독특한 향기는 빠르게 도시로 퍼져 나갔다. 얼마 전부터 향초를 파는 가게가 급작스레 늘어났고, 아로마 테라피로 피로를 푸는 모습을 일상에서 쉽게 찾아볼 수 있다. 고급 향수를 파는 상점에서는 향수 가격만큼이나 비싼 향초를 진열하기도 한다. 도시의 악취는 예전보다 훨씬 줄어들었지만 사람들은 점점 더 좋은 향기를 찾고 있다.

도시에서 나는 악취는 거의 사라졌다. 전기가 없고 냉장 기술이 열악했던 19세기의 도시는 재래시장이 풍기는 썩은 생선 냄새로 가득했고, 도시 안에 위치한 도축장 때문에 주변은 항상 악취에 시달려야 했다. 런던의 버로우 마켓Borough Market이나 바르셀로나의 보케리아 마켓처럼 대도시에 아직 시장이 남아 있는 경우도 있지만, 도시에 있던 커다란 시장은 대부분 외곽으로 이전했다.

악취를 풍기던 과거의 시장이나 도축장이 사라진 곳에는 공원이나 쇼핑센터가 들어섰다. 강과 연결된 하수 처리 시설은 상부를 덮은 공원으로 변했고, 해로운 공기를 내뿜는 오염 시설을 도시 외곽으로 옮겼다. 파리 지하철이나 서울의 지하 굴다리처럼 퀴퀴한 냄새가 나는 곳도 있지만 도시 개발 사업을 진행하면서 악취가 심한 공간은 대부분 사라졌다.

대신 계절마다 새로 심은 꽃향기가 도시의 골목을 채웠다. 녹지가 많아지면서 풀과 나무 냄새가 공기를 채우고 비가 오는 날에는 흙과 연못 냄새도 올라온다. 네덜란드에서만 맡을 수 있던 튤립 향은 이제 일산에서도 짙게 날리고, 교토에 가득했을 벚꽃

파리 자르뎅 데 플랑트(Jardin des Plantes)에 벚꽃이 만개하면 그 향기는 주변을 온통 떠돈다. 이 자연의 향기를 느끼기 위해 우리는 향초를 찾는 것일까?

향을 파리 한복판에서도 느낄 수 있다. 하지만 이 정도로는 사람들이 원하는 향긋한 도시가 만들어지지 않는다. 그래서 사람들은 향기를 파는 가게를 찾는다.

사람들이 좋은 향기를 원하는 것은 위생적인 환경에 대한 욕구를 넘어 정서적인 만족을 추구하기 때문이다. 기능과 효율을 추구하던 도시에서는 볼 수 없던 모습이지만, 포스트모던 사회에서 향기는 중요한 도시의 구성 요소이다. 향기는 사람의 감성을 자극하기 때문이다.

자연 환경은 제한적이라서 아무리 공원이 많아도 한겨울에 위도가 높은 유럽에서 오렌지 꽃향기를 맡기는 쉽지 않다. 하지만 사람들은 늘 그렇듯 하나를 가지면 그보다 더 많은 것을 원한다. 제한적인 자연 환경 속에서 도시가 원하는 자연의 향기를 언제나 갖는 것은 거의 불가능하다. 그래서인지 오늘날 우리의 도시에는 골목마다 향기를 파는 가게가 즐비하고, 사람들은 비싼 비용을 지불하고 향기를 얻는다. 우리는 역사상 가장 악취와는 거리가 먼 환경에서 보다 더 향기로운 도시를 꿈꾸고 있다.

자연의 향기

도시에서 악취가 사라져도 사람들은 아로마 테라피숍에 가고 캔들을 산다. 임대료가 비싼 백화점 1층에 향초 부티크가 있는 것은 향초나 향수의 값어치가 높다는 얘기다. 특히 장미나 귤속, 과일 향, 전나무, 단향속과 같은 자연의 향이 인기가 많다.

사람들이 자신의 공간에 향기를 입히고 싶어 하는 이유는 무엇일까? 눈에 보이는 공간 연출이 아닌 보이지 않는 향기로 공간을 채우려는 새로운 유행일까? 혹은 소득이 증가하여 보이지 않는 것에 기꺼이 비용을 지불하는 여유로운 삶에서 비롯한 사회 변화일까?

어쩌면 도시에 자연이 점차 사라지고 있기 때문인지도 모른다. 사람들이 찾는 아로마는 자연에서 맡을 수 있는 향이다. 우리가 접하는 공원은 인공적으로 연출한 자연이다. 실제 자연은 우리가 접하는 공원과는 매우 다르다.

사람들이 향초를 통해 찾는 해변, 정원, 햇빛의 향은 도시에서 살아가는 사람들이 자연으로 돌아가려는 시도가 아닐까? 도시에서는 마음을 가라앉히고 스트레스를 덜어주는 자연을 찾기 어렵기 때문이다. 사람들은 자연의 향기를 더 오래 느끼기 위해 공간에 향기를 입힌다.

공간에 한 번도 향기를 입혀보지 않은 사람은 있어도 향기를 한 번만 찾는 사람은 없다고 한다. 현대 도시는 악취에서 벗어났지만, 사람들은 더욱 도시에 향기를 더하고 싶어 한다.

평생을 도시에서 사는 우리가 자연의 향기를 그리워하는 것은 신기한 일이다. 익숙한 것에 친밀함을 느낀다면 사람들은 화학 제품, 콘크리트, 철제 빔의 냄새에 더 안도감을 느껴야 하지만 실제로는 그렇지 않다. 도시에 텃밭을 만들고 꽃향기를 그리워하는 우리의 본능은 결국 도시에서 태어난 우리도 자연의 일부라는 것을 말해주는 증거이다. 그렇다면 도시 환경도 콘크리트에서 자연 재료로 돌아가는 것을 고려해보아야 한다. 도시에서 태어난 우리가 자연을 이토록 그리워하는 것을 보면 센 강에서 태어나 평생 파리를 떠도는 갈매기도 분명히 바다를 그리워할 것이다.

사람들은 점점 더 공간에 자연의 향기를
입히고 싶어 한다. 그 향기는 인공 환경
속에서 자연을 보다 가까이 느끼도록 해준다.

냄새로 그린 도시

냄새 팔레트

팔레트는 그림을 그릴 때 사용할 물감을 판에 늘어놓거나, 여러 색조 화장품을 모아 놓은 메이크업 키트에서 흔히 접하는 단어이다. 화가는 팔레트에 담긴 다양한 색깔을 사용해 자신의 세계를 화폭에 구현한다. 팔레트를 보면 화가의 정신에 숨어 있는 작품의 분위기와 느낌을 미리 엿볼 수 있다.

　도시 경관을 계획할 때도 그림을 그릴 때와 마찬가지로 색채 팔레트를 활용한다. 먼저 배경이 되는 주변 환경을 어떤 색이 구성하는지 분석하고 인문적 특성을 고려해서 시설물의 콘셉트를 정한다. 그후 배색의 기본이 되어 전체 면적의 60~70퍼센트를 차지하는 주조색, 주색을 보완해 주는 보조색, 특별히 두드러져 보이는 색인 강조색의 범주를 정한다. 그리고 원하는 색을 나열한 색채 팔레트에서 구체적인 색상을 정확히 전달할 수 있도록 정한 색채 코드로 나타낸다.

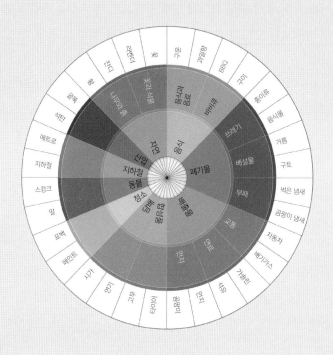

냄새 팔레트의 구분에 따라 냄새를 찾아보면
각 도시만의 특성을 파악할 수 있다.

도시 냄새도 팔레트로 표현할 수 있다. 케이트 맥린Kate Mclean 은 냄새가 도시 환경을 구성하는 매우 중요한 요소라고 생각해 서 도시의 냄새 구성 요소를 원형 팔레트로 나타냈다. 맥린의 냄 새 팔레트는 도시의 기본 냄새를 자연, 산업, 지하철, 동물, 청소, 담배, 합성 물질, 배기가스, 쓰레기, 음식으로 구분한다. 이 냄새 들은 다시 세분화되어 보다 구체적인 냄새를 나타낸다. 가령 자 연은 풀과 꽃, 나무, 흙냄새로, 음식은 과일 향, 음료, 바비큐 냄새 로, 쓰레기는 하수도, 폐기물, 배설물, 썩은 냄새로 나뉜다.[6]

현대 도시는 화학 제품을 생산하는 공장이 바쁘게 돌아가고, 도로를 메운 자동차에서 쉴 새 없이 배기가스가 뿜어져 나온다. 길을 걷다 보면 맛있는 음식 냄새가 나고, 공원의 꽃과 나무, 어 둑한 담벼락에서 지린내가 나지 않는 도시는 없다. 요즘처럼 반 려동물이 많은 환경에서는 동물도 도시의 중요한 냄새 요소이 다. 맥린은 말이나 스컹크를 대표적인 동물 냄새로 나타냈다. 이 동물 냄새는 런던에서는 맡을 수 있지만 우리나라에서는 좀처럼 맡기 힘들다.

멕린 연구팀은 유럽에서 느껴지는 냄새를 동네에서 느껴지는 중간 스케일과 장소에서 느껴지는 작은 스케일에서 제시했다. 연 구 〈파리의 향기와 냄새The Scents and Smells of Paris〉[7] 에서 서쪽 빅토 르 위고 광장은 스테이크, 북쪽 17구 꽃 시장은 꽃향기, 생 라자 르 기차역 근처는 오줌, 튈르리 공원은 비, 시청 부근은 목재 바닥, 14구 쿠폴 부근은 와인, 15구 로렌 뒤부아 부근은 치즈, 그 외의 지역에서는 커피, 하수구, 빵 냄새가 난다고 밝혔다.

실험 참가자들은 이탈리아 밀라노에서 파리와는 다른 라스칼라좌의 향, 레스토랑의 토마토와 바질, 생선 요리 냄새, 초콜릿과 딸기 향이 난다고 묘사했다. 암스테르담에서는 많은 사람들이 거리의 대마 냄새를 기억했고, 도크의 오래된 책, 달콤하고 따뜻한 와플, 세탁물, 아시아 식당의 독특한 향료, 식초에 절인 청어 냄새가 난다고 했다.[8]

같은 음식이라도 각 도시에서 나는 냄새가 다르다. 이처럼 도시의 냄새는 연륜 있는 화가의 팔레트처럼 그만의 분위기와 개성을 전한다.

냄새로 그린 풍경화

자동차 배기가스나 타이어의 고무 냄새는 도시 어디에서나 느낄 수 있다. 하지만 시간을 거슬러 올라가면 자동차 대신 마차가 이동 수단 역할을 하면서 자동차 배기가스 냄새는 말똥 냄새로 바뀐다. 파리 오페라 바스티유 근처의 생땅뚜완Saint Antoine 거리는 고급 수공예품 거리로 목재 냄새와 향긋한 가죽 냄새가 풍기지만 백여 년만 거슬러 올라가도 싸구려 가죽을 처리하기 위한 독한 화학 약품과 무두질 냄새가 코를 찔렀다.

도시의 냄새가 달라진다는 것은 사람들의 생활이 달라졌음을 의미한다. 한때 부산에는 신발 공장이 많아서 고무 냄새를 쉽게 맡을 수 있었지만 이제 그 냄새는 캄보디아와 베트남으로 날아 갔다. 경제가 성장하면 도시 산업이 바뀌고, 새로운 문화가 들어 서면 상점의 업종도 변한다.

도시에서 냄새가 사라진다는 것은 더 이상 그 풍경을 볼 수 없 다는 것을 말하기도 한다. 지금도 갈탄을 연료로 사용하는 몽골 울란바토르는 매캐함으로 가득하고, 오토바이와 툭툭이 많은 베 트남 하노이는 배기가스가 대기를 메운다. 하지만 대중교통이 많 아지고, 현대식 주택이 지어지면서 우리나라 학교에서 조개탄 냄 새가 사라진 것처럼 몽골과 베트남의 도시를 구성하던 냄새는 기억 너머로 잊힐 것이다.

눈으로 보는 도시를 말할 때는 주로 'Landscape, Cityscape'라는 단어를 사용한다. 거리에 대해서는 'Streetscape', 야경에 대해서는 'Nightscape', 냄새에 대해서는 'Smellscape'라는 단어를 쓰기도 한 다. 눈앞에 펼쳐진 경치가 자연과 인공물을 하나의 장면으로 묶 어 사람에게 감흥을 주는 것처럼, 'Smellscape' 또한 사람들이 어떤 공간에서 살아가는지를 후각으로 전해준다.

건물은 한 곳에 자리 잡아 움직이지 않아서 시간에 따라 달라 지는 모습이 쉽게 보이지 않는다. 하지만 건물 일 층의 상가는 호 떡집, 와플 가게, 크림빵 가게 등 다양하게 바뀐다. 이렇게 특정 장소에서 나는 냄새를 맡아보면 공간이 시시각각 다른 모습으로 변하고 있음을 알 수 있다.

'Smellscape'의 변화를 살펴보면 사람들의 행동과 문화가 보인다. 가로등에 센서를 달아 주변 냄새를 파악한다면 상업 시설의 변화와 이동, 사람들의 행동 변화를 세밀하게 관찰할 수 있을 것이다. 냄새에 따라 흩어지고 모이는 사람들의 움직임은 도시의 흐름을 만들고 새로운 냄새가 되어 또 다른 'Cityscape'를 가져올 것이다.

서울의 색과 향

맛있는 음식 냄새가 골목마다 풍기면 좋은 도시일까? 산업 현장에서 공장이 활발하게 돌아가는 냄새가 공기를 채우면 좋은 도시일까? 도시에서 나는 좋은 냄새란 무엇을 말할까?

한때 도시를 아름답게 만들겠다고 경관을 해치는 모습을 없애려는 노력이 농촌까지 번졌다. 당시에는 논밭을 배경으로 옹기종기 모여 있는 알록달록한 양철 지붕을 차분한 무채색 기와로 바꾸는 시범 사업을 진행했다.

기차를 타면 창밖으로 보이는 알록달록한 농촌의 색채는 생동감을 주고 시골에 대한 즐거운 추억을 떠올리게 한다. 달동네의 알록달록함은 아름답지만 농촌 지붕의 알록달록함은 보기 흉하다는 논리는 어딘가 공감이 가지 않는다. 좋은 경치와 나쁜 경치를 구분하기 어려운 것처럼 좋은 냄새와 나쁜 냄새가 나는 도시를 구분하는 것도 무의미하다. 다만 익숙한 냄새나 낯선 냄새가 나는 도시는 구분이 가능할 것이다.

도시가 발달하자 사람들은 아름다운 환경에서 거주하기를 원했다. 많은 도시에서는 색으로 정체성을 정해 도시의 이미지를 나타낸다. 런던 택시는 대부분 까맣고 뉴욕 택시는 노랗다. 파리의 가로등이나 지하철 입구, 키오스크는 하나같이 짙은 녹색인데, 이렇게 대표적으로 정해진 도시 색은 도시의 이미지를 만든다.

서울에도 역사와 환경을 잘 나타내는 돌담회색, 삼베연미색, 남산초록색, 서울하늘색, 기와진회색, 단청빨간색, 은행노란색, 꽃담황토색, 고궁갈색, 한강은백색과 같은 서울대표색이 있다. 이 색은 사계절에 걸쳐 변하는 도시의 자연적이고 물리적인 환경을 담는다. 이 외에도 자연, 인공, 인문 환경에서 뽑아낸 서울의 현상색과 현상색 중 특히 의미를 지닌 지역색은 서울을 잘 표현하도록 하는 디자인에 이용된다.

그렇다면 서울을 대표하는 냄새는 무엇일까? 단청의 빨간색과 남산의 초록색이 서울을 대표하는 열 개의 색 중 하나라면, 종묘 정전의 숲 향과 오래된 목재 기둥의 묵직한 냄새가 서울을 대표할까? 현상색과 지역색처럼 서울의 현상 냄새와 지역 냄새도 아로마 키트에 담을 수 있다. 어쩌면 색채보다 훨씬 더 생동감 있

단청빨간색 한강은백색 꽃담황토색 서울하늘색 남산초록색

고궁갈색 기와진회색 돌담회색 은행노란색 삼베연미색

서울대표색은 서울을 대표하는 요소를
활용해 시민들의 투표, 전문가의 자문으로
뽑은 서울색에서 열 개를 추린 것이다.

고 특색이 잘 드러날지도 모른다.

성수동은 공장의 쇠, 구두, 서울숲, 사슴 냄새가, 청계천은 물, 섬유, 기계, 사무실 냄새가, 가락동은 농산물, 수산물, 아파트 냄새가 아로마 키트에 추출될 것이다. 각 도시에는 대표색과 냄새가 있다. 동네에서 일어나는 일을 담은 냄새를 찾아보면 도시가 어떤 개성을 지니며 어떻게 변해 가는지 또렷하게 알 수 있다. 도시에는 쉽게 바뀌지 않는 냄새가 있고, 지속적으로 바뀌는 냄새가 있다. 그곳에 존재하는 냄새를 찾아보면 우리가 사는 공간을 더 잘 이해할 수 있다.

서울의 오래된 모습이 남아 있는 익선동은
지난 시간의 냄새가 잘 느껴진다.

악취와 도시의 갈등

도시의 쓰레기

개인마다 취향이 다르지만, 화덕 피자집의 장작, 향초, 방콕 사원의 향은 도시에서 접할 수 있는 좋은 냄새이다. 하지만 도시에는 하수구, 매연, 동물의 배설물, 공중화장실, 공장 굴뚝의 연기와 같은 나쁜 냄새도 여전히 뒤섞여 있다.

　대도시에서 가장 해결하기 어려운 문제는 쓰레기이다. 도시에는 가정에서 나오는 생활 쓰레기와 공장, 병원, 건설 현장에서 다양한 폐기물이 발생하고, 그 성격에 따라 처리 방법이 다르다. 사람들이 일상생활에서 발생시키는 폐기물은 어마어마하다. 2016년 서울에서는 하루에 약 9,600톤, 2014년 파리에서는 약 3,000톤의 생활 폐기물이 버려졌다.[9] 규모가 더 큰 상하이나 도쿄의 폐기물 발생량은 몇 배나 더 클 것이 분명하다. 최근에는 재활용에 노력을 기울여 폐기물 처리량을 줄이고 있지만, 얼마 전까지만 해도 쓰레기를 도시 인근에 소각하거나 매립하는 방식으로 처리했다.

쓰레기 처리는 도시에서 매우 중요한 문제이다. 하루라도 폐기물 처리 시설이 고장 나거나 환경 미화원이 파업을 한다면 도시는 바로 끔찍한 상태로 변한다. 이런 상황이 일주일 이상 지속된다면 어떤 일이 벌어질까? 실제로 1968년 뉴욕에서 환경 미화원이 하루 12시간 이상의 열악한 근무 환경에 대한 개선을 요구하며 17일간 파업을 했다. 당시 뉴욕 거리는 온통 쓰레기로 뒤덮여 쥐가 들끓었다.[10] 도시에서는 악취가 풍기는 생활 하수와 공장의 오폐수를 정화하여 깨끗한 물을 공급하고 가정과 상업 시설, 공장에서 쏟아져 나오는 쓰레기를 매일 처리하는 것이 중요한 일이다.

우리가 매일 종량제 봉투에 버리는 폐기물은 대도시를 중심으로 서울은 약 3,089톤, 인천은 1,314톤, 부산은 1,122톤이다.[11] 이처럼 어마어마한 생활 폐기물은 대부분 소각장에서 처리한다. 청소 차량의 이동 거리를 생각하면 소각장이 도시와 가까운 곳에 위치하는 것이 좋다. 하지만 지금처럼 환경에 민감한 시대에 쓰레기 소각장을 자신의 생활 공간 가까이에 두고 싶은 사람은 없을 것이다. 때문에 도시의 어느 곳에 쓰레기 소각장을 둘지 첨예한 대립이 발생한다.

누구도 자기 집 앞에 쓰레기가 쌓여있는 것은 원하지 않는다. 자기 집 바로 옆에 폐기물 소각장이 들어서는 것도 당연히 환영받지 못한다. 최근 쓰레기 소각장이 자원회수시설로 설치되어 환경 오염의 우려가 훨씬 낮아졌다. 소각해서 발생되는 열은 지역 난방에도 활용하지만 시설 바로 가까이 사는 주민 입장에서 그리 달가운 일은 아니다. 서울에서 버려지는 수많은 재활용품과 폐기물을 대부분 주변 도시에서 처리된다. 서울 시민들은 이를 어떻게 생각할까?

바람과 함께 사라지지 않기에

우리나라에서 아파트 가격이 높은 압구정동과 청담동은 1960년대에 쓰레기 매립지로 활용하던 지역이다. 1960년대만 해도 우리나라 도시 계획은 초기 단계였고 폐기물 처리 문제가 지금처럼 중요하지 않아 새로 택지로 조성될 빈 땅에 쓰레기를 매립했다. 1970년대에 이 지역을 개발하자 방배동, 군자동, 송정동을 매립지로 활용하였다. 그러나 인구가 빠르게 증가하면서 대규모의 빈 땅을 찾기 어려워지자 1978년부터 서울 서쪽 끝 한강에 있는 난지도를 쓰레기 매립장으로 활용했다. [12]

아름다운 난초가 많아 난지도蘭芝島로 불리며 겸재 정선의 그림에도 등장한 이곳은 1993년까지 서울 시민의 쓰레기를 모아두는 곳이었다. 그러나 난지도마저 쓰레기를 처리하기 어렵게 되자 서울시의 폐기물은 수도권 매립지로 향했다. 수도권 매립지 외에도 폐기물을 처리하는 자원회수시설을 설치했다. 오늘날 서울시 노원구, 강남구, 양천구, 마포구에서 운영하고 있는 자원회수시설은 굴뚝에서 배출되는 오염 물질을 항시 감시하기 때문에 예전처럼 주민들이 악취에 시달리지는 않는다.

그 외에도 폐기물 처리 시설에는 도시에서 수거한 폐기물을 대형 차량으로 옮겨 매립장에 가기 전 임시로 모아 두는 쓰레기 적환장이 있다. 자원회수시설은 서울에 네 곳밖에 없지만 적환장은 자치구마다 있다. 자신의 구에서 발생한 쓰레기를 남의 동네에서 처리하는 것은 누구도 원하지 않기 때문이다. 동작구와 관악구는 적환장을 함께 사용하는데, 면적과 비용에 대해 서로 갈등하기도 한다. 폐기물 처리 문제는 도시의 민감한 문제 중 하나이다.

외국인이 한국에서 가장 많이 찾는 남대문 시장은 십여 년 전까지만 해도 쓰레기를 시장 입구에 쌓아두어 악취로 상인과 손님 모두가 고생했다. 하지만 2010년 봄에 적환장을 설치하고 그 쓰레기를 모으거나 압축한 후 외부로 운반하자 시장은 쾌적한 쇼핑 공간으로 변신했다.[13] 좋은 인상을 주고 싶으면 향수를 뿌리기 이전에 샤워로 악취를 씻는 것이 먼저인 것은 도시도 마찬가지이다.

서울, 인천, 경기도의 쓰레기는 주로 화성, 안산에 위치한 수도권 매립지에서 처리된다. 한편 인천과 김포에 있는 수도권 매립지는 전체 넓이가 1,541만 제곱미터로, 4개의 공구로 구성되어 있다. FIFA 규격 축구장이 2,158개 들어가는 이곳은 여의도 면적의 5.3배인 세계 최대 규모로 계획되었다. 하지만 1, 2공구가 포화 상태에 다다르고 2016년 계약기간이 만료되자 인천시는 주변의 환경 문제를 이유로 사용 기간 연장이 어렵다는 의견을 밝혔다.[14]

여러 지자체와 환경부가 서울과 수도권의 쓰레기가 갈 곳이 없어질 상황을 대비해 대체 부지 확보를 모색하겠다는 약속을 하면서 수도권 매립지는 당분간 사용할 수 있게 되었다. 하지만 아직까지 수도권의 쓰레기를 해결할 수 있는 완벽한 방안은 찾아내진 못한 상태이다.

쓰레기를 버리는 곳과 처리하는 곳이 다르기 때문에 청소 차량이 싣는 쓰레기는 다른 곳으로 옮겨가기 마련이다. 빈 땅을 찾기 힘든 대도시가 쓰레기 냄새에 휩싸이지 않는 것은 지역 주민의 희생 덕분이라는 것을 생각해보아야 한다. 그런 의미에서 자원의 순환은 자원을 절약하는 것만큼이나 폐기물을 줄이는 훌륭한 방법이다. 도시는 함께 사는 공간이라는 것을 쓰레기와 악취는 말해준다.

피할 수 없는 냄새

쓰레기는 구나 시단위의 행정 경계에 따라 처리 구역을 나누기 쉽다. 서울 시민의 쓰레기는 서울시에서, 부천이나 하남시의 쓰레기는 담당 구청이나 시청에서 모아서 처리하면 된다. 하지만 물길은 지도에서 선을 그어 나누기 쉽지 않다. 도시의 악취가 하수에서 나는 악취라면 어떻게 처리해야 할까?

도시에는 사람들이 원하는 아름다운 조망이나 일조권처럼 쾌적한 거주 환경이 있다. 최근에는 조망이 좋은 아파트의 가치가 높아 한강이 내려다보이는 아파트는 일반인들이 월급을 평생 한 푼도 안 쓰고 모아도 살 수 없을 정도로 비싸다. 그러나 아무리 조망이 아름다워도 인근에 하수 처리장이나 쓰레기 매립장이 있다면 문제는 달라진다.

일 년 내내 창을 열기 어려운 것은 물론 현관을 나설 때마다 악취가 코로 스며들어 미간을 찌푸리게 할 것이다. 악취 때문에 외부에 꾸민 공간은 아무도 사용하지 않고, 집 근처에 오기만 해도 머리가 지끈거릴 것이다. 아무리 그리스 조각상처럼 아름다운 사람이라도 머리나 몸에서 악취가 난다면 옆에 앉아서 얘기를 나누기 어려운 것과 마찬가지다. 백만 불짜리 조망을 가진 집도 악취 앞에서는 무용지물이다.

하수 처리 시설은 위치를 정하는 것이 상당히 어렵다. 서울시에는 중랑물재생센터, 탄천물재생센터, 서남물재생센터, 난지물재생센터가 있다. 그 중 규모가 제일 작은 난지물재생센터는 서울이 아닌 고양시 덕양구에 있다. 1960년대와 1970년대 이후 서울의 인구가 급속히 증가하자 화장장이나 하수처리장 같은 기피 시설들을 인근 지역으로 옮겼다. 난지 하수 처리장은 1987년 서울시의 서쪽 경계 너머에 설치되어 하수와 분뇨, 음식물 쓰레기, 슬러지를 처리했다.

고양시 덕양구는 서울시와 맞닿는 경계 지역이자 개발 제한 구역이다. 때문에 지역 개발에 많은 제약을 받아 생활이 불편해진 주민들의 불만은 커질 수밖에 없었다. 1994년에는 이곳에 분뇨 처리장을 설치했고, 1996년에는 서대문구의 음식물 처리 시설을 고양시로 이전했다. 서울 마포구에 있던 폐기물 처리장도 월드컵 유치를 위해 2001년에 고양시로 옮겼다. 즉 서울 북서쪽의 기피 시설이 옆 동네인 고양시로 모두 이전한 것이다.

기피 시설의 가장 큰 문제는 환경 오염에 대한 우려는 물론 악취였다. 학생들이 통학하는 길로 매일 300대 정도의 분뇨 처리 차량이 드나들고 매일 악취 속에서 생활하다보니 주민의 인내도 한계에 다다랐다. 고양시 주민들은 기피 시설 설치를 반대하기 위해 시위를 하고 소송을 제기했지만, 2002년 대법원은 결국 적법 시설이라는 판결을 내려 시설은 계획대로 고양시에 설치되었다. 이 과정에서 고양시와 서울시의 감정 대립은 사십여 년간 점점 깊어졌다.[15] 하지만 다행히 두 도시의 다툼은 잦아들어 공동 합의문을 발표하며 해결책을 찾아가고 있다. 기피 시설을 다시 서울로 이전하는 것은 아니지만 악취가 심한 시설은 지상에서 보이지 않게 지하화하여 현대적인 기술로 악취와 환경 오염

멋진 주택이 있는 공원에서 악취가 난다면
이곳은 아무도 사용하지 않는 공간이 될
것이다.

을 줄이는 방법을 모색 중이다. 이 외에도 주민들이 필요로 하는 공원이나 문화 시설을 설치하여 협력하기로 했다.

삼십 년 동안 악취에 시달린 주민이 악취에서 벗어나기 위해서는 십 년 이상의 노력이 필요했다. 멋진 경치는 있으면 좋지만 없어도 생활에 심각한 문제가 발생하지 않는다. 보기 싫은 경치가 창 앞에 있다면 커튼을 닫거나 블라인드를 쳐서 간단하게 막아 해결하면 된다. 하지만 악취는 무엇으로 막을 수도, 피할 수도 없다. 악취는 기본적인 생활 환경을 침해해서 지역간의 깊은 갈등마저 일으킨다. 파리의 동쪽과 서쪽이 보이지 않는 냄새와 바람에 의해 다른 특성을 지닌 공간으로 구분된 것처럼, 우리나라의 도시도 냄새의 영향 속에서 움직이고 있다.

도시의 잔향

향의 세 단계

향수는 인위적으로 만든 향을 담은 액체이다. 예쁜 병에 든 향수는 크리스마스나 밸런타인데이 선물로 인기가 많다. 우리나라 사람들은 체취가 그리 심하지 않아 작은 병에 담긴 향수의 가격이 왜 그렇게 비싸고 시장의 규모가 얼마나 큰지 잘 이해가 안 가지만, 향수는 고대부터 사람들을 매혹시켰고 지금도 그렇다.

조향사는 새로운 향을 만드는 사람이다. 요즘에는 화장품이나 식품에서도 향을 쉽게 접하기 때문에 조향사는 상당히 중요한 직업이다. 샴푸, 섬유 유연제, 과일 맛 젤리, 음료수에도 향이 들어가 있어 일상생활에서 입고, 먹고, 마시는 모든 것들이 향과 함께 한다. 조향사는 여러 향을 섞어 향을 만드는데, 향이 좋은 재료를 많이 섞는다고 새롭고 좋은 향이 탄생하는 것은 아니다. 그들은 원칙을 지키면서 향기를 조합해 사람을 매혹할 새로운 향을 찾는다.

조향사가 향수를 만들 때는 톱, 미들, 베이스 노트의 세 가지 향을 생각한다. 톱 노트는 향수를 뿌렸을 때 가장 처음 나는 향으로, 2~3분간 향이 남는다. 톱 노트가 날아가면 미들 노트가 은은한 향을 전하는데, 약 5~6시간 정도로 오래 남는다. 미들 노트가 사라진 후에는 베이스 노트가 잔향으로 남는다. 향수를 뿌린 사람이 더 이상 향이 느껴지지 않는다고 생각해서 새로운 향수를 뿌릴 경우, 베이스 노트와 새로운 향이 섞여 이상한 냄새로 변질된다. 그래서 향수를 뿌릴 때는 베이스 노트가 오랜 시간 남아 있음을 기억해야 한다.

1921년에 만들어져 마릴린 먼로 덕분에 유명해진 향수 샤넬 N°5는 단일 노트 향수에서 복합 노트 향수로 넘어온 기점이 되는 향수이다. 이 향수의 톱 노트에는 알데히드에 레몬과 시트러스, 네롤리를, 미들 노트에는 일랑일랑과 자스민, 아이리스, 장미, 은 방울꽃의 향을 담았다. 베이스 노트로는 백단향, 머스크, 바닐라, 삼나무향을 사용했다. 처음에는 과일의 상큼한 향이 느껴지고 오랫동안 꽃향기가 머물다가 그 향이 사라질 때쯤 동물과 나무의 향이 난다.

매력적인 향은 이렇게 여러 향을 세밀하게 섞어 탄생한다. 향수에 담긴 각 향이 조화를 이룰 때 우리는 향을 개별적으로 인식하지 않고 모든 향을 새롭게 인식한다. 그리고 그 향기는 향수를 선택한 사람의 이미지로 머릿속에 남는다.

세계 최고급 고급 쥬얼리가 모여 있는 플라스
드 방돔(Place De Vendome) 근처에는 고급
향수 가게가 많이 모여 있다.

여운이 남는 도시

마틴 브레스트Martin Brest 감독의 영화 〈여인의 향기Scent of a Woman〉 (1992)는 가난하지만 모범생인 학생과 퇴역 장교의 우정이 주는 감동만큼 앞을 보지 못하는 알 파치노가 아름다운 여성과 호텔에서 추는 탱고 장면이 매우 인상적인 영화이다. 영화 제목은 내용이나 흐름과는 큰 상관이 없다. 하지만 이 영화를 보고 나면 탱고 신에서 나오는 음악이 제목과 만나 깊은 인상을 준다. 영화에서 제목과 관련된 내용을 찾자면 자신은 냄새를 통해 여자의 모든 것을 알 수 있다는 주인공의 말과 연결시킬 수 있다.[*]

냄새로 사람과 환경을 파악하는 것은 인간의 타고난 본능이다. 갓 태어난 아기가 엄마를 찾는 것은 젖 냄새 때문이다. 아기는 사물의 형태나 색채를 구별할 능력이 발달하지 않아 엄마를 알아볼 수 없지만, 태어나서 이삼일 안에 엄마 젖을 물면 그 냄새를 기억한다. 아기는 태어난 지 한 달 후 초점을 맞추고, 넉 달이 지나야 비슷한 색을 구분한다. 후각은 아기가 태어나기 이전부터 발달해 엄마와 아기를 이어준다.

사람이 머문 공간에서는 고유한 냄새가 난다. 외갓집 할머니의 방에서는 기름 냄새와 오래된 화장품 냄새가 나고, 학교 과학실에서는 클로로포름에 섞인 갖가지 화학 약품 냄새가 난다. 이 냄새는 할머니 방은 따뜻하고 편안하지만, 과학실은 왠지 차갑고 으스스해 오래 머물고 싶지 않다는 인상을 준다. 이렇게 공간이

---

[*] 이 영화는 디노 리시(Dino Risi) 감독의 〈여인의 향기〉(1974)라는 이탈리아 영화에서 아이디어를 얻은 오마주 작품으로, 같은 제목을 사용했다.

지닌 다양한 냄새는 공간에 대한 성격과 느낌을 떠올리게 한다.

도시에는 좋은 냄새만 있을 수 없다. 새벽마다 청소를 열심히 한다고 해결될 문제가 아니다. 악취를 없애기 위해 탈취제나 방향제를 뿌리지만 얼마 지나지 않아 다시 악취가 올라오는 것처럼 악취를 완전히 감출 수는 없다. 그렇다고 도시 전체를 꽃밭으로 뒤덮거나 매연을 내뿜는 자동차와 공장을 모두 없애 버릴 수도 없다.

요즘 꽃집에는 화려한 꽃이 많다. 장미도 어릴 적 뜰에서 보던 장미가 아니고, 국화도 이전처럼 소박하지 않다. 종자 개량으로 만들어진 꽃은 매우 화려하지만 향이 매우 옅다. 만개한 꽃을 오래 유지하기 위해 품종 개량을 하다가 향이 사라진 것인지 꽃이 피다가 모든 에너지를 사용해 향이 사라진 것인지, 코끝에 꽃가루가 묻을 정도로 가까이 맡아야 향이 희미하게 느껴지는 꽃이 대부분이다.

화려하지만 향기 없는 꽃은 왠지 모르게 아쉽다. 하지만 시골 담벼락에 핀 꽃들은 향기를 그대로 간직하고 있어 눈으로 보지 않아도 근처에 꽃이 있다는 것이 느껴진다. 시골에서 소박한 꽃향기를 맡으면 마음이 편안하다.

도시도 마찬가지다. 24시간 작동하는 조명등은 화려하지만 사람들의 눈은 쉽게 피로해진다. 그러나 은은한 향기가 느껴지는 소박한 공간은 마음에 안정을 준다. 공간에 처음 들어갈 때 느껴지는 시각적인 화려함은 공간의 첫인상을 좌우한다. 이는 공간의 톱 노트에 해당한다. 하지만 시각적으로 그다지 화려하지는 않지만 은은한 향기가 떠도는 공간은 묘하게 사람의 기억에 남는다.

향수에 다양한 향이 조화롭게 담긴 것처럼 도시에도 사람들의 다양한 삶이 배어 있다. 그리고 그 향은 향수의 톱, 미들, 베이스 노트처럼 도시의 인상을 만든다. 사람을 만날 때도 첫인상, 친밀해진 이후의 느낌, 헤어진 후의 느낌이 다른 것처럼 말이다.

헤어지고 난 후의 여운이 남는 사람에 대해 우리는 가장 좋은 느낌을 갖는다. 조향사가 향수를 만들 때 가장 어려워하는 부분은 화려한 향과 헤어진 후 은은하게 여운이 남을 베이스 노트가 아닐까? 인간관계처럼 가장 깊은 인상을 주는 공간은 향기가 여운으로 남는 베이스 노트 같은 공간일 것이다.

로댕 박물관의 만개한 장미 향은 사람들을
매혹시킨다. 로댕 박물관을 떠나고 나면
그곳의 향기가 깊이 여운으로 남는다.

II

도시의 소리를 듣다

Sound of City

다양한 소리는 도시만의 독특한 느낌을 만들고,
우리 생활을 풍요롭게 한다.

보이지 않는 소리

귀에는 눈꺼풀이 없다

'귀에는 눈꺼풀이 없다 L'oreille n'a pas de paupière'는 프랑스 표현이 있다. 이는 귀는 수동적이라서 외부 자극을 차단하지 못하고 그대로 받아들인다는 뜻이다. 반면 시각은 능동적이다. 보고 싶은 장면은 눈을 부릅떠서 볼 수 있고, 보기 싫은 장면은 눈을 감아 보지 않을 수 있다. 후각도 마찬가지다. 좋아하는 냄새는 들숨으로 실컷 들이마셔 냄새를 맡고, 나쁜 냄새가 나면 숨을 필사적으로 참는다. 촉각도 크게 다르지 않다. 털이 복슬복슬한 개를 쓰다듬다가 갑자기 털에서 벼룩이 손끝에 느껴지면 순식간에 손을 뗀다. 미각은 또 어떤가? 약처럼 쓴 것은 최대한 빨리 삼켜버리지만 좋아하는 맛은 계속 씹고 음미한다.

하지만 우리는 청각에 적극적으로 대응하기 어렵다. 길거리에서 흘러나오는 노래를 주변의 혼잡한 소리와 분리해 듣기는 쉽지 않다. 귀를 쫑긋 세우거나 귓바퀴를 크게 해서 소리가 잘 들리도록 할 수도 없다. 손으로 귀를 막아도 효과가 없다. 소리를 더 잘 듣고 싶으면 소리가 나는 쪽으로 다가갈 수 있지만 듣기 싫은 소리는 차단하기 힘들다.

소리는 사방으로 퍼져나가 누구에게나 똑같이 전달되어 공평하다. 특정 소리를 차단하기 힘들고 효과적으로 전달이 가능한 소리는 역사 속에서 메시지를 전달하고, 사람들의 마음을 움직이는 중요한 요소로 사용됐다.

도시의 변주곡

모든 도시에는 저마다 각자 다른 소리를 만들고, 같은 소리도 다르게 변형시키는 묘한 매력이 있다. 서울, 캄보디아, 파리의 버스 소리는 버스를 탄 사람들의 대화는 물론, 엔진, 경적 소리까지 다르다. 아코디언처럼 연결된 파리 버스는 호텔 인포메이션의 차임벨보다 조금 낮은 '챙'하는 맑은 음을 경적으로 한번 울리고 지나간다. 우리나라 버스는 '빵빵, 부릉'하는 소리를, 몸집이 작은 캄보디아 버스는 우리나라 버스보다 훨씬 가벼운 '탈탈'거리는 소리를 낸다.

지하철 소리도 제각각 다르다. 파리 지하철은 우리나라에 비해 바퀴와 선로의 거리가 가까워 곡선 구간이 많다. 지하철이 놓인 지 백이십 년이 넘었기 때문에 바퀴가 마찰하는 금속 소리가 강하게 들린다. 코너를 돌 때는 물론이고 종착역에 다다를 때쯤 마찰음이 귀를 얼얼하게 한다. 하지만 서울, 부산, 포르투, 바르셀로나의 지하철은 파리만큼 요란스럽지 않다.

유리와 콘크리트로 채워진 고층 건물에서는 매끈한 건물 벽에 반사되어 날카롭고 울리는 소리가 들리지만, 자연 재료인 돌이나 흙 벽, 목재 건물로 채워진 도시에서는 재료의 미세한 구멍으로 음의 파동이 흡수되어 같은 소리도 훨씬 부드럽게 전달한다. 녹음이 울창한 도시의 소음은 여름의 매미 소리나 바람에 부딪히는 나뭇잎의 소리 속에 희석되어 도시의 다른 요소와 만나 매우 다르게 들린다.

시각은 모든 감각 중 가장 강력하게 사람의 인지 기능을 좌우하지만 눈앞의 장벽 너머로는 닿지 못한다. 때문에 선천적으로는 수 킬로미터 밖의 풍경을 감상할 수 있는 능력을 갖고 있지만 실생활에서는 앞집의 담벼락이나 도로 건너편의 고층 건물에 막혀 매우 한정된 시야 속에서 생활한다.

반면 소리는 건물 틈 사이를 비집고 수많은 장애물을 넘어 콘크리트 벽 뒤나 몇백 미터 떨어진 곳에서 일어나는 일을 전달한다. 눈, 코, 입은 앞을 향하고 있지만 귀는 옆을 향해 있어 시야가 닿지 않는 곳에서 매순간 일어나는 위험을 알려준다.

자동차나 기차 소리처럼 방음벽을 만들어서라도 피하고 싶은 소리가 있는가 하면, 즐거움과 안정을 주는 종소리, 거리 악사의 음악처럼 계속 듣고 싶은 소리가 있다. 다양한 소리는 도시만의 독특한 느낌을 만들고, 우리 생활을 풍요롭게 한다. 빠른 박자의 경쾌한 음악이 들리는 패스트푸드점에서는 음식을 빨리 먹고 차분한 클래식 음악이 들리는 레스토랑에서는 음식의 맛을 천천히 음미하면서 먹는다. 이처럼 도시는 사람들의 생활 속도를 보이지 않는 소리로 조정한다.

도시를 지배했던 종소리

성당의 시대

과거나 지금이나 서양 도시의 중심은 성당이다. 도시 한가운데
가장 높게 우뚝 서 있는 성당은 권력, 믿음, 역사를 상징한다. 파
리를 생각하면 노트르담 성당이, 바르셀로나를 생각하면 사그라
다 파밀리아 성당이 떠오른다. 한 나라의 왕보다 교황청의 권력
이 더 컸던 가톨릭 기반의 서양에서 성당은 높게 솟아올라 도시
를 지배했다.

불어로 성당은 'Cathédrale'이다. 이 단어는 '지배하다, 책임지
다, 주재하다'를 의미하는 'Cathédrer'에서 파생했다. 단어의 어원
이 잘 나타내는 것처럼, 성당은 도시를 주재하고 그 공간을 터전
으로 살아가는 인간의 삶을 다스렸다. 성당은 우뚝 솟은 시각적
존재감과 더불어 그곳에서 울려 퍼지는 종소리를 통해 도시를
지배했다.

성당에서 가장 중요한 공간은 종탑이다. 낮고 작은 건물이 밀

프랑스 아미앵 성당의 종탑은 도시에서
벌어지는 모든 일을 종소리로 알렸다.

집했던 비좁은 중세 도시에서 하늘에 닿을 듯한 고딕 성당의 높은 종탑은 사람들의 외경심을 자아내 신앙심을 증명했다. 성당 양측에 솟은 종탑의 가장 높은 곳에서 울려 퍼지는 웅장한 종소리는 도시 안팎에 사는 사람들에게 도시에서 일어나는 중요한 사건을 빠짐없이 알렸다.

종소리는 중세의 궁핍한 삶을 잊게 하는 축제의 시작, 왕족의 탄생, 전쟁과 같은 역사적인 사건, 일요일의 미사와 같은 일상적인 일들을 알려주었다. 사람들은 종탑에서 울려 퍼지는 종소리에 따라 움직였다. 종소리는 사건의 성격에 따라 소리와 느낌이 달랐다. 결혼이나 축제는 기쁘고 명랑하게, 왕의 서거는 장중하게, 전쟁의 발발은 급박하고 불안하게 울렸다. 사람이 직접 종을 울리던 시대에는 종을 울리는 사람의 마음도 소리를 듣는 사람에게 그대로 전달되었을 것이다.

서로마 제국이 멸망한 후 신대륙이 발견된 1492년까지 약 천년 동안 지속된 중세에서 프랑스는 12세기 이후를 '성당의 시대'라고 부른다. 파리의 노트르담 성당, 사르트르 대성당이 이 시기에 지어졌고, 랭스, 아미앵 대성당이 뒤를 이으면서 성당은 모든 문화의 중심이었기 때문이다. 당시 암울했던 사람들의 생활과는 달리 화려한 성당의 건축 양식은 찬란한 문화의 결정체였다.

고딕 양식을 대표하는 쾰른 대성당 종탑의 높이는 156미터, 사르트르 대성당은 115미터이다. 이렇게 높은 하늘에서 내려오는

1865년, 밀레는 "〈만종〉은 밭에서 일하던
할머니가 종이 울리면 일을 멈추고, 죽은
가엾은 이들을 위해 삼종 기도 드리는 것을
생각하면서 그린 그림이다."라고 말했다.

종소리는 사람들에게 종교의 힘처럼 거역할 수 없고 순응하는 삶의 자세를 가르쳤다. 중세 성당이 스테인드글라스에 예수의 탄생과 부활 등 성서의 장면을 상세히 그려 글을 모르는 사람들에게 믿음을 전해준 것처럼, 성당의 종소리는 성당 밖에서 생활하는 사람들에게 믿음과 종교에 기반한 생활의 자세를 알려주었다.

성당의 새벽 종소리에 맞춰 하루를 시작하고, 저녁 종소리에 맞춰 일을 마무리하는 모습은 중세가 끝난 후에도 오랫동안 계속 되었다. 16세기 이후 도시는 합리와 이성에 근거한 모습으로 변했지만 19세기 중반 밀레의 그림 〈만종 L'Angélus〉이 말해주는 것처럼 종소리는 도시에서도, 들판에서도 사람들에게 생활의 모습을 알려주는 동반자였다.

한양의 종소리

종소리는 우리나라에서도 오래전부터 도시의 모습과 움직임을 주관했다. 보신각에서 울려 퍼지며 한 해의 시작을 알리는 서른세 번의 종소리는 벌써 육백여 년 전부터 한양 성곽 안팎의 움직임을 관장했다.

종로 보신각에 위치한 보신각종은 이전에 '동종'이라 불렸다. 한양을 둘러싼 성벽의 사대문과 사소문은 태조 5년인 1396년부터 한양 성곽의 성문은 새벽 4시인 오경에 '파루'라는 서른세 번

• 1895년 종루에 '보신각' 현판을 설치한 후에는 보신각종이라 불렸다. 보신각은 고종에 의해 지어진 이름이다.

의 타종에 따라 문이 열렸고, 밤 10시인 이경에 '인정'이라는 스물여덟 번의 종소리와 함께 닫혔다. 인정 이후에는 통행이 금지되어 성문이 닫힌 후 한양 성곽에 도착한 사람은 다음날까지 성벽 밖에서 파루가 울리기를 기다려야 했다.

정확하게 작동하는 시계가 없었던 조선 시대에는 낮 동안 해를 통해 대략 시간을 가늠했지만, 밤에는 시간을 짐작하기 어려웠다. 그런 불편함을 덜기 위해 보신각의 대종이 울리고 성문이 닫힌 이후 다시 성문이 열리기까지의 밤 동안 종소리가 아닌 북과 징 같은 다른 소리로 사람들에게 시간을 알렸다. 술, 해, 자, 축, 인의 각 시는 경으로 부르는데, 경마다 북을 쳤고, 경은 다시 5점으로 나누어 징과 꽹과리를 쳐서 알렸다. 장엄한 종소리는 사람들의 잠을 방해해 늦은 시간에는 그보다 작은 소리로 시간을 알려준 것이 아닐까 싶다.

한양의 종소리는 종각에서만 울려 퍼진 것이 아니다. 한양 사대문 중 가장 규모가 큰 숭례문과 흥인지문에도 2층 누각에서 종소리가 울려 퍼졌다. 조선 시대의 창덕궁 돈화문 문루에는 종과 북이 달려 있었다. 당시 숭례문은 중국 사신을 맞이하던 한양의 가장 중요한 출입문이었다. 창덕궁은 왕이 거주하는 공간으로, 왕은 돈화문의 중앙으로, 당상관과 같은 높은 관리들은 양측 문으로 드나들었다. 일반인들은 서측의 다른 문을 이용했다. 이렇게 왕이 드나드는 돈화문의 2층 누각에는 종과 북이 있어 오고,

---

· 하루의 시작을 알리는 '파루'는 관세음보살이 중생을 구하기 위해 33천(天)으로 분신한 것과 연관된다. 밤에 스물여덟 번 울린 타종 '인정'은 동서남북 4궁의 별자리 수에서 기인한 것으로, 밤하늘에 안녕의 기원을 의미한다.

인정, 파루를 알렸다.

타종을 통해 시간을 알리는 장소는 도시에서 매우 중요하고 상징적이었다. 최초의 종루는 1396년 청운교 주변에 지어졌으나 1413년 오늘날 종로에 있는 종각과 유사한 위치에 새로 세워진 종루는 정확한 시간을 알려주기 위해 물시계를 설치하고 그 시간에 맞춰 종을 울렸다고 한다. 그 후 종루는 1440년 세종 때 동서 5간, 남북 4간으로 새로 건축되었다. 2층 구조로 지어진 이 종루는 아래로 사람과 말이 통행할 수 있을 정도로 매우 장엄한 규모였다.

한양은 돈의문과 흥인지문을 연결하는 운종가가 동·서축으로 도시의 뼈대를 이룬다. 이 가로축을 한양의 정문인 숭례문으로 연결하기 위해 도시 남·북축의 가로가 뻗어 나오는데, 운종가에서 남·북축 도로가 분기되는 지점에 종루를 설치했다. 숭례문은 남대문이라는 명칭을 지니지만 도시의 정남측에 위치하지 않고 서·남측에 자리한다. 이는 지형적으로 한양 남측에 목멱산이 위치해서 성문을 내기 어렵기 때문이다. 풍수지리상 화기를 막기 위해 숭례문으로 들어온 도로는 바로 광화문으로 연결하지 않고 축을 구부려 청계천을 가로질러 운종가와 연결했다고 한다.¹

이러한 사유로 한양의 주요 가로 구조는 로마와 같은 격자가 아닌 'T'자 형이다. 직선의 동·서축과 곡선의 남·북축이 만나는 한양의 가장 중요한 위치에 웅장한 규모의 종루를 짓고 종을 달

01
종각은 운종가와 한양의 정문인 숭례문으로
향하는 중요한 위치에 장엄한 규모로
자리한다.

02
우리나라 종은 종 옆에 별도로 매달려 있는
당목(撞木)으로 당좌(撞座)를 타종해서
소리를 낸다. 당목은 물고기 모양을 한 것이
많은데, 이는 종소리가 고래를 무서워하는
포뢰용의 소리와 닮았기 때문이라고 한다.

아 도시 전체에 소리가 울리도록 한 것이다. 이렇게 도성 중심에서 높이 우뚝 솟은 종루는 동종에서 울려 퍼지는 소리만큼이나 도시 어디에서나 보이는 중요한 공간이었다.

새 술은 새 부대에

프랑스의 성당 앞 광장은 '파르비Parvis'라고 불린다. 일반적으로 광장은 '플라스Place'라고 부르지만 성당 앞 광장은 공간의 형태와 용도가 다르기 때문에 호칭도 다르다. 성당으로 들어가는 거대한 출입문 앞에 위치한 파르비는 성당 초기에 주로 울타리가 쳐져 있어 예비 신자들이 주로 모이는 공간으로 사용되었다. 그러나 중세로 들어서면서 울타리로 둘러싸인 파르비는 점차 사라졌고 다양한 용도로 쓰였다. 평소에는 양피지, 책, 천을 파는 상인들이 파르비에 판매대를 늘여 놓고 물건을 판매했고, 교회 축일에 축제가 벌어지거나 연극을 공연하기도 했다.

　노트르담 성당 앞 파르비는 다른 왕궁이나 대저택 같은 기념비적 건축물의 광장과 형태가 다르다. 보통 광장은 권력자나 왕족의 건물을 따라 긴 장방형 형태인데, 노트르담 성당의 파르비는 성당의 구조를 그대로 연장해 나르텍스*, 네이브‡, 제단으로 연결되는 세로로 긴 형태이다. 이 성당 앞 광장은 모든 사람이 모여드는 중세의 대표적인 공간이자 종교가 도시를 지배하는 중심

---

* 성당 출입구 안쪽에 회중석과 연결되는 부분.
‡ 열주로 둘러싸인 회중석이 있는 긴 공간.

공간이었다.

14세기 성당의 종탑에는 새로운 기능이 더해졌다. 이 무렵에 근대의 시간 개념을 정립했고, 과학이 일상생활에 들어왔다. 이전의 시간은 태양이 뜨고 지는 자연의 흐름에 기반했지만 1330년경 하루가 24시간으로 정해지면서 시간 길이가 일정해져 계측이 가능했다. 시간이 규격화되고 등간격의 숫자로 바뀌자 기계 장치를 사용한 시계가 만들어졌다. 하지만 당시의 시계는 오늘날처럼 눈금으로 시간을 확인하는 형태가 아닌 타종을 해서 시간을 알리는 구조였다. 시계를 만드는 정교한 기술이 발달하지 않은 이유도 있지만, 문맹률이 높아 사람들이 시간을 제대로 읽기 어려웠기 때문이다.

기술이 발달하자 성당의 종탑은 시간을 알리는 중요한 역할을 했다. 종탑 위의 종소리가 시계로 변하자 도시도 새롭게 변화했다. 시계가 등장한 후 한동안 성당의 종탑이 시간을 알려주었지만, 고딕 양식 성당이 대표하던 중세가 지나고 근대가 시작되자 시간을 알려주는 성당은 별도의 건축물로 분리되었다.

성당의 종탑과 분리된 시계탑이 시간을 알린 이후 이성, 기술, 합리를 토대로 시대가 발전했다. 새로 만들어진 시계탑은 법원, 시청과 같은 건축물과 함께 도시에 세워졌다. 도시의 핵심적인 기능을 담고 있는 이러한 건축물은 영주 중심의 봉건 시대가 지나가고 시민과 상인이 중심이 되는 근대로 변화함을 말해준다.

수탉에서 빅벤까지

종소리로 시간을 알려주는 시계탑은 그 중요한 역할만큼 형태가 다양하다. 때로는 건축물의 벽면을 화려하게 장식하거나, 높은 타워의 형태로 세워지거나, 중세의 높은 감시탑이 시계탑으로 변화했다. 장식으로 멋을 내고 건축물과 공간의 모습이 바뀌어도 종소리를 동반한 시계는 19세기까지 변하지 않았다. 하지만 세상이 발전하면서 시계탑의 종소리는 점차 아름답고 다양해졌다.

처음에는 사람이 직접 종을 두드리는 단순한 소리였지만, 점차 기계화된 쇠망치로 타종하면서 종소리가 멀리까지 퍼져나가 멜로디를 입었다. 우리나라의 예전 학교 종소리로 익숙한 '파라솔도 파솔라파'는 영국 빅 벤의 소리다. 빅 벤은 정각, 15분, 30분, 45분마다 다른 멜로디로 울린 후 다시 한 번 타종해 시간을 쉽게 구분하여 정확한 시간을 알려준다.

런던에 가보지 않은 사람도 누구나 잘 알고 있는 빅 벤은 영국 웨스트 민스터궁Palace of Westminster에 위치한 시계탑이다. 빅 벤은 타워에 달린 거대한 시계가 아닌 타워 상부에 매달려 있는 종 이름이다. 종의 이름이 빅 벤으로 불리는 이유로는 당시 유명한 권투 선수 벤 카운트Ben Caunt라는 권투 선수 혹은 이 종을 제작한 벤자민 홀Benjamin hall의 이름을 땄다는 두 가지 설이 있다. 2010년에는 정식으로 엘리자베스 타워라는 명칭이 생겼지만 사람들은 아직까지도 빅 벤이라는 애칭을 선호한다. 1858년부터 런던에서

울려 퍼지기 시작한 빅 벤의 종소리는 6킬로미터까지 퍼져 나갔다고 한다. 지금 영국을 대표하는 빅 벤의 종소리는 BBC 라디오 4에서 오후 6시와 자정에 시간을 알린다.

프라하 구도심 광장의 시청 벽면에는 천문 시계가 있다. 정시가 가까워지면 광장에는 시계를 보려는 사람들로 가득하다. 1410년에 만들어진 이 시계는 도시의 소리 변화를 감각적으로 알려준다. 천동설에 따라 시계판 중심에 지구가 있고 태양, 달이 바늘에 장식되어 있다. 매 시간마다 시계판 옆에 달린 해골이 줄을 당겨 종을 치고, 시계판 위에 달린 두 개의 창문이 열리면서 예수의 12사도들이 종소리가 울리는 동안 창으로 얼굴을 비춘다. 짧은 행렬이 끝나고 창문이 닫히면 가장 높은 창에 자리한 수탉이 날개를 퍼덕이며 크게 울면서 시간을 알린다. 수탉은 종소리가 존재하기 이전부터 하루의 시작을 알리던 동물이었으니 수탉의 울음소리와 천문학자에 의한 시계탑의 종소리의 만남은 필연적이라 할 수 있다.

시간이 흐르면서 점점 더 커다랗고 화려한 시계들이 등장해 종소리는 더욱 아름답고 다채로워졌다. 과거부터 오늘날까지 사람들은 시계탑의 종소리에 의지해 생활했고 도시의 시간은 보이는 시간이 아닌 들리는 시간으로 존재했다. 20세기에 들어 도시가 발달하자 시간을 알려주는 종소리는 더 이상 과거와 같이 절대적인 영향력을 지니지 않지만, 어떤 곳에서는 여전히 종소리가 그 도시를 상징한다. 도시의 수많은 소리에 묻혀 희석되지만, 아직도 생활 가까이에서 들리는 반가운 종소리는 도시와 오랜 시간 동안 함께한 역사적인 존재이다.

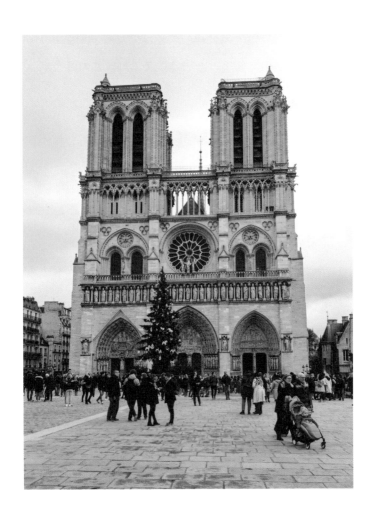

파리 노트르담 성당 앞의 파르비. 초기 성당
시대에는 울타리가 쳐져 있었지만, 점차
다양한 행위를 수용하는 공간으로 변화했다.

01

02

01
빅 벤의 건설 책임자였던 벤자민 홀의
거구에서 유래했다는 이 이름은 공식 명칭
엘리자베스 타워보다 더 많이 통용되고 있다.

02
프라하 천문 시계는 천문학적 정보를 포함한
눈금판, 사도들의 행진, 달력 눈금판의 세
부분으로 구성되어 있다.

소음이 된 소리

기차의 등장

종소리가 도시의 움직임을 지배하던 시절, 도시에 하늘을 찢을 듯한 새로운 기차 소리가 들렸다. 기차가 처음 들어올 때 내지른 굉음은 무시무시했다. 우리나라에서 처음으로 기차가 달린 것은 1899년 9월 18일이다. 독립신문은 노량진에서 제물포까지 기차를 시승한 후 '화륜거 구르는 소리 우레 같아 천지가 진동'한다고 시승기를 썼다. 화륜거로 표현된 '불을 피우는 바퀴가 달린 수레'가 바로 기차이다.

최초로 기차가 들어오자 도시는 다른 세계로 변했다. 기찻길은 다른 도시 사람들을 쉴 새 없이 들였고, 기차역에는 기차가 쏟아내는 사람과 물자들로 붐볐다. 주변에는 음식점, 여관, 시장과 사람들이 붐비는 소리로 가득 찼다. 칙칙폭폭 소리를 내뿜으며 달리는 증기 기관차로 인해 유럽에는 기존 대도시의 열악한 환경을 벗어나 자연을 벗 삼아 생활할 수 있는 가든 시티가 발달했다. 대도시와 지방의 연결이 용이해지자 지방의 생산품을 대도시로 재빠르게 운반해 원가를 절감했고, 풍부해진 생산품은 공산품의 가격을 낮춰 소비 사회로의 진입을 한층 앞당겼다. 그리고 기차 레일의 폭이 다르면 기차가 다닐 수 없었기 때문에 기찻길이 규격화되면서 스탠더드라는 개념이 도시에 도입됐다.

이와 같은 변화는 도시에 울리는 증기 기관차의 소음과 함께 퍼져 나갔다. 종소리는 종탑이나 시계탑을 중심으로 타종을 하는 시간에만 짧게 울려 퍼지다 사라졌다. 하지만 증기 기관차의 피스톤과 화통 소리는 철로를 주변을 따라 도시를 관통하며 기찻길 주변에 항시적인 소음을 발생시켰다. 이전 도시에도 소음은 있었지만 일시적으로 나는 소리였기 때문에 소음이라 이름을 붙일 성격은 아니었다. 하지만 증기 기관차가 나타나자 기차 화통과 기차 바퀴의 철컹이는 소리는 상시적인 소음으로 도시에 자리 잡았다.

얼마 되지 않아 도시에 철도가 급속히 늘어났고, 더 많은 기차가 지방과 도시를 연결하며 빈번하게 운행되었다. 말발굽 소리가 울리던 도시는 철도 위를 달리는 트램웨이의 전차 소리로 바뀌었다. 철도의 발달로 새로운 단계로 도약한 도시는 이때부터 항시적인 소음과 함께했다.

기찻길 옆 소음의 크기

기찻길 옆 오막살이에서 잠든 아기가 듣던 칙칙폭폭 기차 소리
는 과연 몇 데시벨이었을까? 요즘 같으면 방음벽을 설치해 달라
는 민원이 제기될 만큼 큰 소리였을 것이다. 당시 기차는 증기 기
관차였기 때문에 지금 기차와는 비교도 되지 않게 큰 소리를 내
면서 달렸다. 1950년대까지 절정기를 이루던 우리나라 증기 기
관차는 조용하고 빠른 디젤 기관차로 바뀌어 1967년을 마지막으
로 '칙칙폭폭'하던 요란한 소리는 철길 위에서 사라졌다.

사람이 들을 수 있는 소리의 영역대는 20헤르츠에서 20킬로
헤르츠까지다. 이 넓은 주파수 영역에는 사람이 대화를 하는 영
역대와 음악의 영역대가 포함된다. 귀는 사람의 목소리와 음악의
주파수대를 벗어나는 높고 낮은 음도 들을 수 있다. 이 중에는 같
은 크기의 소리라도 마음이 편안해지는 소리가 있고, 듣기 싫은
소리가 있다. 소리는 크기뿐 아니라 높낮이에 따라 느낌이 달라
지기 때문이다. 퇴근 후 집에서 크게 오디오를 틀어놓고 감상하
는 음악은 하루의 스트레스를 잊게 하지만, 옆집의 드릴 소리는
신경을 곤두서게 하는 것과 마찬가지이다. 하지만 아무리 좋게
느껴지는 소리라도 크기가 일정 정도를 넘어가면 사람에게 스트
레스를 준다. 그래서 도시 계획에서는 사람이 쾌적하게 생활할
수 있도록 소음의 크기에 규제를 적용한다.

우리가 접하는 소음은 일반적으로 데시벨Decibel, dB로 표현한

다. 사람이 들을 수 있는 가장 작은 소리가 0데시벨이고, 10데시벨이 올라갈 때마다 소리는 10배 커진다. 가령 1미터 거리에서 부는 휘파람 소리는 30데시벨, 도서관이나 공원에 있을 때 들리는 소리는 40데시벨, 일상생활에서의 대화 소리는 60데시벨 정도이다. 시끄럽다고 느껴지는 지하철 안이나 분주한 도로변의 소음은 80데시벨, 공장 소음은 90데시벨이며, 비행기 이착륙 소리는 100데시벨, 천둥은 120데시벨 정도이다.

기찻길에서 들리는 기차 소리가 너무 큰지 아닌지는 어떤 기준으로 판단할까? 이를 위해서는 소리가 들리는 시간이 낮인지 밤인지를 살펴보아야 한다. 우리나라의 소음에 대한 기준을 담고 있는 환경 정책 기본법에 의하면 일반 지역 중 전용 주거 지역, 녹지 지역, 학교나 도서관과 가까운 지역의 소음 기준은 주간에는 50데시벨, 야간에는 40데시벨이고, 상업 지역이나 준공업 지역은 낮에는 65데시벨, 밤에는 55데시벨이다. 도로변은 소음 기준이 조금 더 완화되지만 전용 주거 지역이나 아파트가 들어서는 일반 주거, 준주거 지역은 도로변이라도 밤에는 60데시벨을 넘어서는 안 된다.

낮과 밤의 기준이 다른 이유는 사람들이 주로 활동을 하는 낮에 일상생활에서 발생하는 소음이 많아 주변에 대해 비교적 덜 민감하고, 주변이 조용해지고 휴식을 취해야 하는 밤에 소음에 더욱 민감하기 때문이다. 하지만 주간으로 규정되는 시간대는

• 우리나라의 소음에 대한 기준은 환경 정책 기본법과 소음 진동 관리법에서 정한다. 소음 진동 관리법은 환경 정책 기본법보다는 조금 더 완화된 기준을 지니고 있다.

아침 6시부터 밤 10시까지이고, 야간은 겨우 8시간 밖에 되지 않아 실제로 휴식을 취해야 하는 밤에도 주간 기준에 해당하는 소음에 시달릴 수 있다. 건설 회사에게는 길게 정해진 낮 시간이 공사 일정을 당기는 데 도움이 되겠지만 일반인의 생활 리듬과는 크게 동떨어진 구분이다.

소음에 대한 기준은 분명하지만 철도 가까이에 위치한 건물에서 실제로 측정해보면 기차가 지나갈 때의 소음이 60데시벨이 넘는 경우도 종종 있다. 대부분 도시가 발달한 이후 기차가 들어왔기 때문에 주거 환경에 적합하지 않은 상당히 시끄러운 소음이 발생한다. 기찻길이 놓일 당시에는 지금처럼 도시 계획이나 소음의 기준이 명확하지 않아 철도를 설치할 경우 건물을 거리에서 얼마나 분리해야 하는지 기준이 만들어지지 않았다. 이처럼 먼저 형성된 도시에 기찻길을 놓으니 기차 소음을 도시와 분리하는 것은 쉽지 않은 일이었다. 철길을 따라 자연적으로 형성되는 시가지를 막을 방법도 없었다.

도시의 발달 과정에서 기차 소리를 이제 와서 분리하는 것은 쉽지 않다. 도시 교통과 물자의 흐름이 기존처럼 철도에 의존하지 않게 되자 기차 소음은 어느 정도 줄어들었다. 도시의 철도는 땅속으로 들어가 지하철이 되었고, 많은 철도는 녹지를 만든 후 이격하여 소음을 줄이려 노력한다. 더 이상 기차가 다니지 않는 폐철도는 공원으로 바뀌어 새소리가 들리기도 한다.

01
02

01
19세기 철골 구조 건축물의 모습을 잘
보여주는 파리 북역. 기차가 도시에
들어오면서 도시는 급격히 발전했지만 이와
함께 항시적인 소음도 등장했다.

02
도시 계획이 발전하기 이전에 놓인 철도
주변에는 아직도 건물들이 인접해 있어 큰
소음에 노출된다.

하지만 아무리 기차 소음을 줄이려 노력해도 기차는 커다란 소음과 함께 주변을 진동시킨다. 바쁜 도시의 움직임 속에서 기차 소리가 요란하게 울리면 주변의 흐름은 멈춰 버린다. 그 모습은 마치 왕의 행렬이 지나갈 때 주변의 모든 사람이 멈춰선 과거를 떠올리게 한다. 귀청이 얼얼해지도록 울리는 기차는 도시를 현대적인 모습으로 발전시킨 셈이다.

소음 지도

산업혁명 이후 도시는 점점 더 소란스러워졌다. 철도는 농촌에서 다양한 물자를 실어 대도시로 공급했다. 도시에는 이를 가공해 상품으로 만드는 공장이 발달했고, 공장 가동을 위한 석탄이 밤낮없이 공급됐다. 일자리를 찾기 위해 농촌을 떠난 사람들은 다시 대도시로 몰려들었다. 이 모든 이동과 생산은 도시의 소음을 증폭시켰고 소음 공해라는 단어가 등장했다.

공장이 늘어나고 사람들이 몰려들자 도시는 공해라는 또 다른 문제를 맞이했다. 기차 소리가 커질수록 소음과 연기가 도시를 뒤덮었다. 시커먼 연기가 밤새 돌아가는 공장의 시끄러운 기계 소리와 함께 도시 환경은 급속히 열악해졌다. 이처럼 거주 환경이 나빠지자 부유층들은 자신들의 거주지 인근에 공장이나 오염 시설이 가까이 있지 못하도록 공간을 계획했다. 근대 도시 계획의 개념은 이렇게 출현했다.

20세기 초반의 도시 계획은 토지에 주거 지역, 공업 지역, 녹지 지역과 같이 명확한 용도를 부여하고 각 용도별 지역을 배치하는 것이 중요했다. 당시에는 기계 소음과 굴뚝에서 검은 연기가 나는 공업 시설은 도시 외곽에 위치시켰다. 이 시설을 기성 시가지나 주거 지역과는 멀리 떨어진 넓은 녹지대로 이격시켜 소음과 공해가 주거지에 영향을 미치지 못하도록 배치하는 것이 기본 원칙이었다.

이와 같은 원칙은 오늘날 도시 계획에서도 적용된다. 그러나 도시가 성장하고 외곽으로 확산되면서 시끄러운 소리가 나는 근원지를 생활 공간에서 멀리 떼어 놓는 것은 생각보다 어려웠다. 도시 인구가 늘어나자 개발 사업자들은 땅값이 낮고 거주민들이 적은 새로운 외곽 지역을 개발하는 것을 선호했다. 이 지역은 주민 이주에 어려움이 크지 않아 개발 사업을 빨리 진행할 수 있어 사업비가 적게 들기 때문이다.

그런데 이곳에는 앞서 말한 공장이나 공항이 이미 있었기 때문에 신규로 개발하는 지역은 소음이 발생하는 시설과 인접한다. 도시 인구가 지속적으로 증가하자 주변 지역에 개발할 수 있는 가용지가 부족해져 어쩔 수 없이 공장 지대나 기차역 주변까지 주택이 들어섰다. 이렇게 이격되었던 소음을 발생시키는 시설이 점차 도시 내부로 들어왔다.

도시에 소음 시설이 들어오면 데시벨은 물리적인 형태를 만든다. 공장같이 소음이 큰 시설을 새로 계획할 때는 발생할 소음을 예측하여 지도에 표시해 주변 단지에 미칠 영향을 미리 검토한다. 산업 단지가 자리한 곳에 아파트 단지를 개발하려면 그곳에서 발생하는 소음이 주택 단지에 미칠 영향을 살펴보고, 아파트 건축물 동에 걸리는 소음 등고선이 법적 기준 이하가 되도록 계획안을 조정해야 한다. 만약 법적 기준이 되는 소음 등고선 이내에 건축물이 위치할 경우 아파트를 지을 수 없다.

이와 같은 과정을 거치다 보면 소음 등고선에 따라 건축물이 배치되어 소음의 크기가 도시를 변화시킨다. 과거에는 지형이 도시의 모습을 결정짓는 가장 중요한 요소였지만 오늘날에는 소음이 중요한 영향력을 지닌다. 수많은 개발을 거치며 그동안 도시 발전에서 피할 수 없었던 공장 폐수와 시커먼 연기는 기술 발전을 통해 환경 부하를 줄여가고 있다. 하지만 소음은 점점 복합적으로 존재하면서 건축물과 도시의 형태를 변화시킨다.

소음 지도는 소음의 정도를 지도에 색깔로 표시해 각 공간이 어느 정도 소음에 노출되어 있는지 보여준다. 소음 지도에서 초록색은 소음의 크기가 작아 조용한 곳이고 연두색, 노란색, 빨간색을 거쳐 보라색으로 색깔이 진해질수록 소란스러워진다. 노란색이나 주황색, 그보다 더 진한 색으로 표시되는 지역은 지나치게 소음이 커 살기에 부적합한 곳이다.

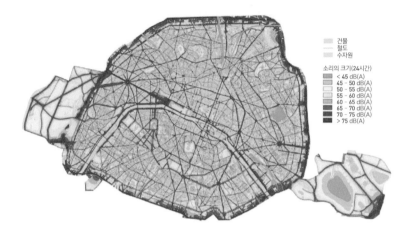

파리의 도로 소음 지도. 초록색, 노란색,
주황색, 빨강색, 보라색, 자주색 순으로
소음의 정도가 심해진다.

사람이 스트레스를 받거나 화가 나면 교감 신경이 흥분하면서 심장 박동과 호흡이 빨라지고 혈압이 상승해 얼굴이 붉어진다. 소음 지도가 붉어질수록 그 소리를 듣는 사람의 얼굴도 붉어진다. 나뭇잎이 살랑이는 공원이 사람에게 편안함을 주는 것처럼 복잡한 도시에서 사람들이 간절히 원하는 것은 소음 지도에 녹색으로 표시된 공간이다.

자연의 소리를 찾아서

바람의 언어

도시에는 생각보다 풀과 나무, 꽃, 도시를 가로지르는 물줄기와
같은 자연 요소가 많다. 눈에 보이지 않지만 바람도 도시와 함께
한다. 바람은 가끔 소리를 내서 자신의 존재를 알린다.

바람이 세게 부는 날이면 도시 전체가 진동한다. 이곳저곳에
걸린 현수막은 펄럭거리고, 찢어지는 것을 방지하기 위해 뚫어
놓은 구멍은 진동인지 소리인지 구분이 어려운 파동을 전달한다.
전봇대와 건물 사이를 잇는 오래된 동네의 전깃줄에서는 도시의
바람을 가장 잘 느낄 수 있다.

너무나 익숙해서 존재가 그리 크게 느껴지지 않는 전깃줄은
바람이 세게 불 때면 존재가 새삼 두드러진다. 진동수에 따라 달
라지는 소리는 공기 중에 습기가 많아 전깃줄의 길이가 늘어나
면 더 낮아지기 때문에 소리가 평소와는 다르다. 다세대 주택이
많은 주택가나 이면 도로의 골목은 대부분 전깃줄로 뒤엉켜 있

다. 도시를 가득 채운 전봇대와 전깃줄의 무질서한 소리는 바람이 부는 순간 더욱 부각된다.

한편 처음부터 계획된 신도시에는 지저분한 전깃줄이 거의 보이지 않는다. 하지만 세련되고 깔끔한 생활환경을 만들고 싶었던 계획 초기의 바람과는 달리 여기저기 달린 현수막들이 바람의 존재를 알려준다. 높은 아파트와 넓은 도로로 인해 바람길이 생긴 신도시에는 유독 세찬 바람이 불 때가 많다. 바람길은 여름에는 도시를 시원하게 하지만 겨울에는 휘몰아 치는 바람에 길을 걷는 사람이 날아갈 것 같은 느낌을 준다. 16세기 범선의 돛으로 사용되어 대서양의 바람을 가득 안고 넓은 바다 항해했을 천은 21세기 도시에서 현수막이 되어 높은 아파트와 도로를 배경으로 도시의 황량함을 더욱 두드러지게 한다.

바람은 도시에서 고혹적인 소리를 내기도 한다. 부처님 오신 날 즈음이면 오색 연등이 도시를 수놓는다. 깊은 산속에 있는 화엄사나 선암사 같은 고찰 마당에는 하늘 가득히 연등이 달린다. 도심에 자리한 조계사나 봉정사 마당도 연등으로 가득하다. 일주문부터 대웅전까지 온통 오색 빛으로 물들이는 연등 아래에는 소중한 사람의 복을 기원하는 이름표가 달려 있다. 이때 바람이 불면 연등의 이름표는 대나무 숲에 바람이 지나가는 소리를 낸다. 이 소리는 양철 지붕에 쏟아지는 빗소리처럼 귀를 얼얼하게 한다.

01
02

01
부처님 오신 날이 가까울 무렵 화엄사 대웅전 앞마당에 서면 연등에 달린 이름표들이 서로 바람이 부딪히면서 내는 소리에 빠져든다.

02
목조로 된 전통 가옥이 많은 교토에서는 폭풍이 지나가는 밤이면 집이 무너져 내릴 듯한 소리가 울린다.

사찰을 방문할 때 우리는 처마 끝의 조용하고 평화로운 풍경과 맑은 목탁 소리를 예상하지만, 바람이 부는 사찰에서는 따갑고 서늘한 소리가 귓전을 울린다. 사찰 마당을 가득 채운 연등이 내는 고혹적인 소리는 오래도록 기억에 남아 사찰에서의 시간과 공간을 특별한 장소로 만든다.

사찰과 같은 종교적인 건물을 방문하지 않아도 바람의 소리를 온몸으로 전하는 건물도 있다. 태풍이 지나가는 밤에 일본 전통 여관인 료칸에 묵어 보면 바람이 어떻게 집 전체를 울리는지 알 수 있다. 집을 구성하는 각 부재는 밤새 삐걱, 우지끈하는 등 다양한 소리를 낸다. 지붕이 날아가고, 벽을 막고 있는 얇은 합판이 부서져 내리고, 박힌 못이 빠져나갈 것 같은 이 소리는 방문객을 불안하게 한다. 처음부터 이 지역에서 자랐거나 이곳에서 오랜 시간을 지낸 사람들은 무심하겠지만 바람은 전통 목조 주택과 만나 거친 소리를 내며 방문객의 잠을 설친다.

보이지 않는 바람은 다양한 소리로 자신의 존재를 알린다. 평소에는 나뭇잎과 풀숲을 스치는 소곤거림으로 자신을 드러내지만 때로는 도시와 공명하면서 거칠고 불안한 느낌을 전한다. 바람과 상호 작용하는 도시는 자신만의 색깔을 보다 다채롭고 선명하게 한다. 바람은 이처럼 도시를 끊임없이 변화시켜 살아 있는 모습으로 만든다.

흐르고, 솟구치다

과거 소리꾼들은 득음을 위해 폭포 아래서 소리를 연습했다. 자신의 소리가 우레와 같은 폭포수 소리를 뚫을 수 있도록 목에서 피가 나는 인고의 노력을 거쳐 명창으로 거듭났다. 물이 내는 소리는 매우 크다. 여름에 갑자기 장대비가 내리면 그 소리는 도시의 일상적인 소리를 덮는다. 비가 쏟아지는 순간 창문 너머로 들려오던 모든 잡음이 사라지고 그 자리를 세찬 빗소리가 공간을 메운다.

도시는 항상 물소리와 함께했다. 한옥에는 처마 밑 낙숫물 소리가, 우물에는 물을 길어 올려 쏟아 붓는 소리가 있었다. 세차게 퍼붓는 소낙비나 장대비가 잦아든 후 기와의 빗방울은 암키와를 따라 흘러내려 낙숫물로 마당에 떨어지는 소리를 냈다. 낙숫물이 떨어진 자리에는 오목한 자국이 생겨 비가 그친 후에도 낙숫물 소리를 떠올리게 했다.

산이 많은 우리나라 지형은 골을 따라 빗물을 흘려보냈고 그 물줄기는 개울과 천으로 흘렀다. 옛 도시에는 이 물길을 따라 물이 흐르는 소리가 들렸다. 20세기 중반, 청계천에서 복개 공사가 시작되면서 천에 흐르던 물줄기는 땅속으로 사라졌다. 하지만 1980년대 초반까지만 해도 도시에서 졸졸 흐르던 물소리를 접하기는 그리 어렵지 않았다.

도시에 개천이 사라지자 새로운 물소리가 들리기 시작했다.

이전의 물소리는 중력을 따라 낮은 곳으로 흐르는 물소리였지만 새로운 물소리는 공중으로 솟구치는 힘찬 분수 소리였다. 1978년 7월 5일 동아일보에는 한국은행과 시청, 그리고 연세대학교 앞 세 곳에 대형 분수를 설치할 계획이라는 기사가 실렸다. 이 기사에는 가장 먼저 만들어질 한국은행 분수대를 9월 말에 통수할 예정이며 십장생이 새겨진 기단과 조각대가 있고 279개의 구멍에서 백 사십 마력의 펌프를 사용해서 물을 뿜을 것이라고 설명하고 있다.[2]

옛 한국은행 앞 조각 분수대에서 솟구치는 물소리를 시작으로 시청 앞, 남산, 영등포 입체로, 어린이 대공원과 같이 사람이 많이 모이는 곳에서 힘찬 분수 소리가 들렸다. 1980년 즈음에는 서울 시내에 분수대가 13개가 될 것이라는 내용이 신문에 기사에 실린 것을 보면 당시 분수대는 서울에서 손꼽을 만한 볼거리였음을 알 수 있다. 분수는 물을 처음으로 흘려 보내는 통수식을 시작으로 시원한 물줄기를 하늘로 뿜어냈다.

분수에서 힘차게 뿜어져 나오는 물은 시각적 효과만큼이나 소리가 주는 효과도 크다. 여러 소음으로 가득한 도시에 퍼지는 시원한 물줄기 소리는 그 자체로도 시원하며 다른 소음을 덮어준다. 한동안 커다란 원형 그릇 모양 가운데 물을 뿜어내던 분수의 상징적인 모습은 2000년대에 지금의 서울 광장이나 광화문 광장에서 볼 수 있는 것처럼 바닥 분수의 형태로 탈바꿈했다.

01

02

01
분수의 등장과 함께 물소리가 도시를
채우면서 근대 도시는 문화적으로
풍성해졌다.

02
중력을 따라 아래로 쏟아지던 분수는
20세기에 들어 높이 하늘 위로 치솟았다.
바닥에 부딪히는 물소리는 아이들의
웃음소리와 한데 섞여 여름을 더 시원하게
한다.

바닥 분수가 내뿜은 물은 하늘로 솟아올랐다가 다시 떨어져 바닥과 부딪힌다. 원형으로 된 커다란 분수에서는 물이 바닥과 부딪히는 소리만 들렸지만, 바닥에서 솟아오르는 분수에는 공중에 뿌려지는 물방울 소리가 함께 들린다. 도시에 솟구쳐 오르는 바닥 분수의 소리는 분수로 뛰어드는 아이들의 탄성과 웃음이 함께 뒤섞여 오늘날 도시의 번잡함을 잊게 한다.

소리의 이열치열

새가 지저귀는 소리나 오토바이 배기통에서 나는 소리의 크기가 같다면 둘 다 같은 소음으로 측정된다. 해질 무렵 새들이 둥지로 돌아올 때의 소리는 생각보다 매우 시끄럽다. 새가 지저귀는 노래 소리라는 표현은 전혀 어울리지 않고, 새들끼리 단체로 싸움을 하는 게 아닐까 싶을 정도이다. 하지만 새소리가 듣기 싫다고 새를 없애거나 나무를 잘라달라는 민원이 제기된 경우는 드물다. 그러나 반대로 동네 나무 밑에서 불량 학생들이 모여 오토바이를 부릉거린다면 누군가 분명히 경찰서에 소음을 단속하라는 신고를 할 것이다.

이처럼 같은 크기의 소리라도 소리의 종류에 따라 반응이 다르다. 소리는 크기는 같아도 높이와 음색이 다르면 소리가 다르게 느껴지기 때문이다. 그래서 다양한 소리로 가득한 도시에서는 사람들이 피로도를 낮추기 위해 백색 소음으로 소음을 감춘다. 분수 소리나 나뭇잎이 스치는 소리와 같은 백색 소음은 사람들이 자연의 소리를 편하게 느끼는 점을 이용한 것이다.

　한동안 우리나라에서는 지하철역이나 백화점 앞에 분수대를 만들고 물소리로 공간을 채우는 것이 유행이었다. 사람들의 웅성거림으로 가득한 공간을 분수 소리로 채우면 소음은 물소리에 묻히고, 사람들은 물줄기 소리를 듣기 때문이다. 한여름을 더위로 다스린다는 이열치열이라는 표현처럼 백색 소음은 여러 소음을 자연의 소리로 다스리는 경우가 많다. 어쩌면 우리 귀는 수많은 소리 중 반가운 자연의 소리를 끌어당겨 듣는 능력이 있는지도 모른다.

　시냇물 소리, 나뭇잎이 살랑이는 소리, 빗소리, 파도 소리는 도시의 소음을 잊게 한다. 이 소리들은 대부분 소리가 커도 환영 받는다. 이렇게 사람에게 편안함을 주는 자연의 소리는 사람이 들을 수 있는 주파수의 범위 중 저주파에 속한다. 이러한 소리는 진동수가 균일해서 귀에 쉽게 익숙해진다. 자연의 소리를 들으면서 안정감을 찾는 것은 우리가 자연의 일부라고 느끼기 때문이 아닐까?

　물론 매미 울음소리처럼 도시에서 환영받지 못하는 자연의 소리도 있다. 원래 이 소리는 시골 느티나무 그늘 평상에서 들리는 시원한 여름의 소리지만 도시에서는 잠을 못 이룰 정도로 큰 소음을 내는 근원이다. 도시의 밤은 불빛으로 가득하기 때문에 밝은 빛을 좋아하는 매미는 여름 밤마다 고막이 얼얼할 정도로 크게 울어댄다. 게다가 천적인 새마저 줄어드니 매미는 무더운 한여름 밤을 불면의 밤으로 만들어 환영 받지 못한다. 하지만 이는 매미의 문제가 아닌 인공화된 도시 환경으로 인한 자연의 변화에 가깝다.

도시에서 자연의 소리는 대부분 환영 받는다. 같은 크기의 소리라도 자연의 소리는 소음 공해라는 표현과는 거리가 먼 기분 좋은 소리, 마음을 안정시키는 소리로 인식되어 사람들이 가까이 접하기를 원한다. 공원이 많은 도시는 새소리, 바람에 부딪히는 나뭇잎 소리, 졸졸 흐르는 물소리가 자주 들리는 백색 소음의 도시가 된다. 같은 크기의 시끄러운 소리라도 이왕이면 자동차 소리보다는 폭포 소리가 낫다. 도시의 수많은 소음을 덮어 버리는 백색 소음은 데시벨로는 설명되지 않는 도시 속 자연의 소리를 잘 나타낸다.

파리 카르티에 재단에는 자연을 본떠 만든
정원이 꾸며져 있다. 이곳에서는 새소리,
바람에 부딪히는 나뭇잎 소리가 들린다.

소리로 기억하는 도시

이슬람 도시와 에잔

매일 반복되는 일상생활에서 벗어나 새로운 즐거움을 느끼려면 여행만큼 좋은 것은 없다. 인류가 수렵 생활을 멈추고 정착 생활을 한 이후 대부분의 사람들은 하나의 터전에 자리를 잡았다. 그래도 어딘가에 수렵인의 본능이 남아 있는지 우리는 어디론가 떠나 새로운 곳을 탐험하기를 원한다.

　여행을 떠나 새로운 도시를 찾아가면 익숙하지 않은 소리를 듣고 어리둥절할 때가 있다. 소리 자체가 생소한 경우도 있고, 이미 들어본 소리지만 상황을 이해하지 못할 때도 있다. 이슬람 문화권인 도시에 가면 새벽부터 밤까지 정체를 알지 못하는 소리가 도시를 뒤덮는다. 이 소리는 사이렌 소리 같기도, 어떤 주문이나 메시지 같기도 하다.

　이스탄불이나 두바이에 도착하면 도시 전체에 에잔이 울려 퍼진다. 아랍 문화에 익숙하지 않은 사람들은 이른 새벽부터 저녁까지 반복해서 울리는 에잔이 무엇을 의미하는지 알아차리기 쉽지 않다. 에잔은 하루에 5번 메카Mecca를 향해 기도하는 이슬람인에게 독경讀經을 들려주고 기도 시간을 알리는 소리이다. 에잔이 모스크의 첨탑에서 울려 퍼지면 이슬람인은 손과 발을 깨끗이 씻고 모스크에서 메카를 향해 무릎을 꿇고 기도한다.

'알라는 가장 위대하고 그 이외의 신은 없다. 기도하라, 성공하라.'는 이슬람 경전의 내용을 담은 에잔은 이슬람인의 5대 의무와 관계가 깊다. 이슬람교는 규율을 매우 엄격하게 지키는 종교로, 이슬람인은 평생 한번 메카에 직접 가봐야 하는 하즈Hajj, 살랏Salat, 샤하다Shahadah, 사움Sawm, 자캇Zakat의 5개 의무를 지닌다. 이 중 일상생활에서 매일 행해야 하는 것은 기도와 '신은 위대하다'라는 신앙 고백인데, 이 종교적 믿음은 현대 도시에서 에잔과 늘 함께 한다.

과거의 에잔은 하루에 5번 이슬람 사원에서 예배 시간을 알리는 사람을 일컫는 무에진Mu'addin 독경사가 미너렛Minaret에서 도시를 향해 읊은 것이었다. 하지만 오늘날 무에진의 독경 소리는 스피커를 통해 울려 퍼진다. 천 년 전이나 지금이나 사람들은 해가 뜨기 전 에잔을 듣고 새벽 기도를 올리며 하루를 시작하고 해가 진 후 다시 밤 기도를 올리며 하루를 마친다.[‡] 에잔을 직접 들으면 마치 청아한 노래 같지만 단조롭고 반복적인 운율에 강한 힘이 깔려 있어 한편으로는 최면성이 느껴진다.

---

* 이슬람교 창시자인 마호메트가 태어난 곳으로, 최고의 성지로 꼽힌다.
‡ 지역에 따라 에잔이 울려 퍼지는 시간이 다르다. 이스탄불의 경우 새벽 에잔은 5시부터 6시경까지, 밤 에잔은 저녁 6시부터 8시경까지다.

01
02

01
에잔 소리를 배경으로 신비한 느낌을 주는
이스탄불의 해질녘 풍경.

02
과거 아부다비의 그랜드 모스크에서는
미나렛에서 독경사가 직접 에잔을 읊었지만
요즘은 스피커를 통해 에잔이 퍼져 나간다.

초고층 빌딩으로 가득 찬 두바이에 울려 퍼지는 에잔은 서양 기업인과 관광객으로 가득한 첨단 도시와 이슬람 전통 문화의 매우 생경스런 만남을 만든다. 에잔이 들려오는 순간 두바이는 전통 깊은 아랍 문화권의 도시가 된다. 보스포루스 해협을 사이에 두고 동양과 서양이 만나는 신비한 도시인 이스탄불 또한 에잔이 깔리는 저녁 무렵의 블루 모스크를 바라보면 도시 공기마저 문화유산으로 느껴진다. 독특한 소리가 들리는 순간 도시는 사람에게 특별한 기억과 경험을 안겨주는 문화의 또 다른 모습을 선사한다.

티라의 기억

산토리니는 세계에서 가장 아름다운 경관으로 꼽힌다. 그리스인은 삼천오백 년 전에 화산 폭발로 지금의 모습으로 남은 이 섬을 티라Thiras라고 부른다. 초승달 모양의 지형과 절벽에 자리한 하얀 마을의 절경은 전 세계의 관광객을 매료시킨다.*

하얀 석회벽과 파랗고 둥근 돔 모양의 건축물들이 절벽에 다닥다닥 붙어 있는 모습은 섬의 북서쪽에 위치한 이아 마을이다. 이곳에 가기 위해서는 절벽 아래에 있는 항구에 내려 당나귀를 타고 높은 절벽 위 마을로 올라가야 한다. 당나귀는 방울을 매단 채 좁고 구불구불한 길을 오른다. 딸랑거리는 방울 소리는 현대

---

* 티라, 네아 카메니, 팔레아 카메니, 티라시아, 아스프로니시로 이루어져 있는 산토리니에서 티라는 그중 가장 큰 섬이다.

문명과는 동떨어진 티라만의 여유로운 시간을 느끼게 한다.

티라는 색색의 해변으로도 아름답다. 화산이 폭발해서 만들어진 섬의 복잡한 해안선을 따라 곳곳에 작은 해변이 있다. 남쪽에는 가파른 절벽 뒤로 붉은 모래가 깔린 레드 비치가, 동쪽으로 몇 킬로미터만 가면 우뚝 솟은 기암괴석과 함께 하얀 모래가 반짝이는 화이트 비치가 있다. 경사가 완만한 섬 동쪽에는 까만 모래가 드넓게 펼쳐져 있고 그 위로 바닷물이 잔잔하게 찰랑거리며 야자수 잎으로 된 파라솔이 끝없이 늘어선 블랙 비치가 있다. 화산섬의 우뚝 솟은 절경과 작고 하얀 집은 물론 맑고 깨끗한 물과 다른 곳에서 볼 수 없는 다양한 색깔의 해변은 사람들이 이곳에 오고 싶어 하는 이유가 무엇인지 깨닫게 한다.

티라에서는 모터가 달린 작은 보트를 타고 섬을 돌며 원하는 해변에 내릴 수 있는 비치 투어가 유명하다. 섬의 절경을 즐기기 위해서는 작을 배를 타고 돌면서 바다에서 섬을 바라보아야 한다. 바닷가에 가면 어김없이 '레드 비치, 화이트 비치, 블랙 비치'를 외치는 티라 아저씨의 목소리가 들린다. 비치를 외치는 티라 아저씨의 목소리를 들으면 누워 있던 해변에서 일어나 작은 보트에 올라타야 할 것만 같다.

밤이 되면 해변에는 또 다른 소리가 들린다. 까만 모래사장이 아름다운 카마리 비치에는 아코디언을 연주하는 소녀가 있다. 이 소녀는 관광객들을 상대로 레스토랑의 테이블이나 길가에서 향

티라의 레드 비치에서는 '화이트 비치, 블랙 비치'를 외치는 목소리가 들린다. 그 소리는 섬을 떠나온 후에도 기억에 남는다.

수를 자극하는 멜로디를 반복해서 연주한다.

1960년대 어느 영화에서 들어봤을 법한 이 애잔한 멜로디를 들으면 현재를 떠나 과거로 돌아간 듯한 기분이다. 관광객을 상대로 작은 돈을 버는 소녀에게는 힘든 일상이지만, 이 연주는 잔잔한 파도를 배경으로 한 티라만의 기억으로 남는다.

도시의 음악

현대 도시의 전체적인 겉모습은 비슷해도 생활 환경은 제각각 다르다. 우리나라 카페에서는 먼저 주문을 하고 차를 마시거나 차를 마신 후에 카운터에서 계산을 하지만, 유럽 카페에서는 테라스에 앉아 커피를 주문하고 마신 뒤 그 자리에 커피 값과 팁을 둔다. 굳이 계산을 위해 종업원을 부를 필요가 없다.

레스토랑에서도 그렇다. 유럽 식당에서는 음식을 먹는 동안 종업원이 눈을 마주치고 말을 걸면서 음식과 서비스가 괜찮은지 계속 물으며 식사하는 동안 친절하게 서비스한다. 이렇게 관심을 기울이지 않으면 사람들은 식당이 불친절하다고 느낀다. 하지만 우리나라에서 식사 도중 종업원이 무언가를 계속 묻는다면 오히려 불편하다. 또한 지하철을 타도 파리에서는 문 위에 붙어 있는 지도가 도착할 역을 불빛으로 알리지만, 바르셀로나 외곽에서는 지나온 역을 불빛으로 표시해 자칫하면 내릴 역을 혼동하기 쉽다. 이처럼 도시는 서로 비슷해 보이지만 생활 방식이 각각 다르다.

하지만 어색한 외국 도시라도 자신이 좋아하거나 익숙한 음악이 흐르는 순간 낯설었던 공간은 친밀해진다. 어둡고 냄새나는 파리 지하철은 곳곳에서 음악을 연주하는 사람들 덕분에 낭만적이다. 이곳에서는 아코디언, 바이올린, 첼로뿐 아니라 중국 전통 악기와 팬 플루트 연주까지 들을 수 있다. 구불구불한 지하 터널에 음악이 흐르는 순간 비좁고 불안한 지하 공간은 사람의 온기가 느껴지는 공간으로 변한다.

도시에서 음악은 공간을 연출하는 보조 도구로 사용된다. 공원에는 자연의 소리나 편안한 음악이 흘러나오도록 하고, 백화점이나 과학관에서도 각 공간에 어울리는 소리를 사용한다. 오페라 하우스나 필하모니처럼 음악은 도시의 문화를 연출하기도, 젊은 이를 위한 록 콘서트 공연장이 되기도 한다.

일 년에 몇 번씩 도시는 사람들이 음악을 쉽게 접할 수 있도록 음악 축제를 열어 도시 전체를 축제의 장으로 만든다. 거리의 음악가는 평소에도 도시에 생동감을 주지만 축제가 열리는 날은 모든 장르의 음악가들이 도시를 활기찬 공간으로 만든다. 6월 주말에 열리는 파리의 음악 축제에서는 재즈, 클래식, 록, 랩, 팝이 흘러넘친다. 사람들은 독특한 퍼레이드 차량에 올라가 리듬에 맞춰 춤을 추고 키보드, 기타, 클래식 악기는 물론 냄비를 타악기로 사용한다. 도시가 음악으로 들썩이는 것도 부족한지 센 강변에서는 재즈 축제가 열린다.

각 도시마다 고유한 음악과 악기가 있다. 프라하에 가면 성당에서 열리는 바로크 음악 연주회로 자연스럽게 발길이 향하고, 세비야에서는 열정적인 기타 연주에 맞춘 플라멩코 공연이 유명하다. 파리에서는 샹송이나 아코디언의 음악이 흘러나와야 그 느낌이 산다. 퐁 데 자르의 중간쯤에 도달했을 때 들려오는 아코디언을 배경으로 보이는 시떼 섬만큼 파리를 더 파리답게 하는 것은 없다.

다양한 음악이 들리는 도시에는 새로움이 가득하고 일상생활이 보다 즐겁다. 음악에 대한 사람들의 취향은 다양하지만 음악이 생활을 여유롭게 하는 것은 크게 다르지 않기 때문이다. 음악이 들리는 순간 사람들은 모여들고 공간에는 활기가 생긴다. 음악은 한순간에 도시에 생기를 불어 넣고 사람들을 행복하게 하는 힘을 가졌다.

01
02

01

파리 지하철에서 오케스트라를 연주하는
음악가. 음악이 들릴 때마다 어둡고 냄새나는
지하철역은 매력적인 공간으로 변한다.

02

어느 일요일의 샹젤리제 거리. 음악이 흐르면
거리를 오가는 사람은 음악과 하나가 된다.
음악이 좋았다면 앞에 놓인 변기에 동전을
넣으면 된다.

노래하는 도시

자동차와 삶의 속도

도시 소음의 주범은 자동차다. 자동차는 새벽부터 한밤중까지 쉴 새 없이 도로를 달린다. 자동차가 지나갈 때마다 들리는 타이어와 도로의 마찰음은 주변을 가득 채운다. 도로는 늘 길이 막히면 막히는 대로, 뻥 뚫리면 질주하는 자동차로 인한 소음이 가득하다. 때문에 집 바로 앞에 넓은 도로가 뚫린다고 하면 밤잠을 설칠 걱정이 앞설 것이고, 같은 아파트 단지라도 도로변에 면한 아파트는 집값이 낮다. 기차는 기찻길만 피하면 소음이 심하지 않지만 자동차는 어디에나 있기 때문에 소음을 피하기 매우 어렵다.

현대 도시인은 자동차 없이 생활하기 힘들다. 사람들은 언제나 자동차 소음에 노출되어 있다. 하지만 주의 깊게 들어보면 도시마다 자동차 소음은 상당히 다르다.

서양에서는 로마 시대부터 도로가 발달했다. 아피아 가도Via Appia*를 살펴보면 기원전 340년부터 만들어져 540킬로미터를 넘

---

* 고대 로마 공화정 시대에 건설된 도로. 기원전 312년에 카이쿠스에 의해 건설되기 시작하였다. 처음에는 로마와 카푸아를 연결하는 도로였으나, 기원전 240년경에 브린디시까지 연장되었다.

게 로마를 중심으로 영국과 도나우 강, 스페인까지 뻗어 나가 항구를 통해 로마 제국 전역을 연결해 지금도 활용된다. 한반도에서도 6세기 황룡사 터나 7세기 익산리 유적 부분에서 왕경 도로가 발견되었다. 계획 도로인 이 길은 왕의 제례를 위한 행차나 군사 도로, 궁전이나 사찰의 건설을 위한 자재 운반용으로 사용하여 삼국 시대에도 돌이 깔린 포장도로가 있었음을 알 수 있다.[3]

도시에 자동차 소음이 증가한 것은 1854년 파리에서 처음으로 도로에 아스팔트가 사용되고 스코틀랜드에서 시멘트로 도로를 포장한 이후이다. 이처럼 토목 기술이 발달하고 자동차를 대량 생산하면서 도시는 자동차 소음으로 채워졌다.

도로에서 나는 소리에는 자동차가 달리면서 나는 엔진 소리와 타이어가 도로와 마찰하면서 내는 소리가 있다. 간혹 클락션을 울리거나 브레이크를 밟는 급정거 소리가 나기도 한다. 이 소리는 도시마다 다르다. 런던에서는 슈퍼카의 기름진 엔진 소리를 들을 확률이 높고, 파리에서는 스쿠터와 오토바이 소리가, 프놈펜에서는 현대나 도요타 중고차의 오래된 엔진 소리가 주로 들린다.

또한 타이어와 도로가 만날 때 나는 소리도 도시마다 다르다. 우리나라의 도로는 주로 아스팔트로 노면이 매끈한 편이지만, 프랑스나 이탈리아 같은 유럽의 도시는 포석 도로Chausées Pavées인 경우가 많아 노면이 우툴두툴하다. 이 경우에는 작은 돌조각으로

01
02

01
포르투의 도로는 돌을 작게 잘라 만든
울퉁불퉁한 포석이 깔려 있어 자동차가
지나가면 마찰음이 들리는 경우가 많다.

02
대부분 유럽 도시의 도로는 포석이지만,
런던의 도로는 아스팔트다.

이루어진 도로와 자동차 타이어가 만나 우리나라와는 다른 노면 소음을 낸다. 하지만 유럽의 포석 도로가 타이어와 마찰이 많기 때문에 더 큰 소음을 내는 것은 아니다. 오히려 도로 표면이 우리나라처럼 매끈하지 않아 속도를 낼 수 없기 때문에 소음이 오히려 낮다. 파리에서 버스를 타본 사람은 우리나라 시내버스와 비교할 때 얼마나 천천히 움직이는지 잘 알 수 있을 것이다.

자동차가 빨리 달리면 소음이 당연히 크다. 우리나라 도로는 넓고 잘 닦여 있어 운전하기가 매우 좋다. 광화문 광장이 만들어지기 전까지 세종로는 편도 8차선이었고, 편도 5차선 이상의 넓은 도로를 지닌 곳도 상당히 많다. 이렇게 넓은 도로는 운전자의 질주 본능을 일깨운다. 유럽의 오래된 도시에서는 우리나라처럼 넓은 도로를 발견하기가 쉽지 않다. 도로가 좁아 보행자들이 아무 곳에서 길을 건너기 때문에 차가 천천히 달릴 수밖에 없다.

타이어가 도로와 마찰할 때 나는 소음은 매우 크다. 특히 차가 쌩쌩 달리는 간선 도로에서는 옆 사람과의 대화 소리가 잘 안 들릴 정도다. 올림픽 도로를 옆에 둔 한강 공원에 누워 있으면 도로와 백 미터 이상 떨어져 있어도 자동차 소리가 크게 들린다. 하지만 도로 폭이 팔십 미터로 매우 넓은 샹젤리제 거리는 우툴두툴한 돌로 포장되어 있지만 자동차 소음은 그리 크지 않다. 만일 샹젤리제 거리에서 자동차가 쌩쌩 달린다면 거리 양편의 카페와 상점은 많은 사람이 붐비고 번화하기 힘들 것이다. 고막을 먹먹하게 하는 자동차 소음 속에서 산책하고 싶은 사람은 많지 않기 때문이다.

도시의 자동차 소음은 도로의 넓이와 표면 마찰력의 함수로 단순히 치환되지 않는다. 그 안에 사람들이 도시를 사용하는 방식이 담겨 있기 때문이다. 사람들이 바쁠수록 차량은 빠르게 움직이고, 사람들은 시끄러운 환경 속에서 생활한다. 도로의 소음 크기는 도시에 사는 사람들의 삶의 속도와 비례한다.

요새의 출현

예전보다 소음이 커졌기 때문인지, 사람들이 마음의 여유가 없어서인지 십여 년 사이 소음은 점점 심각한 사회 문제가 되었다. 층간 소음으로 인해 이웃 간에 살인 사건까지 발생하는 것을 보면 소음은 단순히 참아 넘길 수 있는 사항이 아니다.

도시의 대표적인 소음인 도로 소음은 밤낮없이 사람들의 생활을 방해하기 때문에 이를 줄이려는 여러 방법을 시도하고 있다. 저소음 아스팔트를 사용해 도로를 만들고, 저소음 타이어로 자동차가 도로를 달릴 때 발생하는 소음을 줄여보려 노력하지만, 이정도로는 소음이 크게 줄어들지 않는다.

요즘 새로 개발되는 지역에는 도로 소음이 퍼져나가지 못하도록 방음벽을 세운다. 방음벽은 자동차 소음을 차단하는 가장 직접적이고 손쉬운 방법이다. 세종시나 미사 강변도시처럼 새로 개발한 도시에서는 소음을 차단하기 위해 간선 도로변에 방음벽을 친다. 방음벽은 미적인 측면에서 그리 아름답지 않지만 도로 소음으로 밤잠을 설치는 주민들에게 미관은 중요하지 않다.

하지만 방음벽 설치로 소음 문제를 손쉽게 해결할 수는 없다. 소리는 반사, 회절, 굴절되어 방음벽을 넘어가기 때문이다. 확산되는 소리의 회절을 막기 위해 방음벽의 윗부분을 꺾어 보기도 하지만 소리는 방음벽 내부에 갇혀 있지 않다. 방음벽을 설치해도 효과가 없자 터널을 파고 도로를 지하로 분리해 자동차 소음을 땅 밑으로 보냈다. 세종시의 중심부인 행복 도시에는 외부 순환 도로의 상당 구간을 지하 터널로 만들자 도로 주변에 사는 주민들은 자동차의 소음과 먼지에서 해방되었다.

방음벽이나 방음 터널은 도시에 단절이라는 문제를 가져온다. 방음벽은 시각적으로 주변 지역을 차폐遮蔽하여 방음벽에 마주한 저층 주민들의 경치를 막는다. 방음벽이 시야를 가리자 투명하게 만든 방음벽은 새들의 무덤이 될 뿐이었다. 새들이 방음벽에 부딪혀 그 충격으로 죽는 경우가 많기 때문이다. 방음 터널로 구분된 공간으로 도로를 건널 수도 없어서 공간이 휑하고 위험하게 느껴진다. 중세에 사라졌던 성벽과 물이 담긴 해자垓字로 둘러싸인 요새 형태의 도시가 다시 21세기에 등장한 것이다.

눈에서 멀어지면 마음에서도 멀어진다는 말은 도시에도 적용

세종시에 위치한 행정 중심 복합 도시에는
자동차 소리가 주변 지역으로 퍼져나가는
것을 막기 위한 소음 터널이 있다.

된다. 도시는 안전해졌지만 아기자기한 건물과 도시를 서행하는 차량의 불빛, 가로를 누리는 사람들이 사라졌다. 소리를 막기 위해 고안한 방법이 사람 사이를 막는 높은 벽을 만든 것이다.

도로에 면한 아파트에서 밤잠을 설칠까 걱정하는 주민들은 도시 계획에서 정한 소음 기준을 넘어서지 않는 경우에도 방음벽 설치를 요구한다. 이 경우 낮은 언덕 모양의 녹지를 만들고 나무를 빽빽이 심어 소음을 흡수하거나 차단해서 소리를 막는다. 이렇게 하면 이산화탄소를 흡수하고 산소를 공급하며 여름에 아스팔트에서 발생하는 열섬 효과를 없애는 데도 도움이 된다. 이때 겨울이면 잎이 모두 지는 활엽수만을 심는다면 겨울철에 방음 효과가 크게 줄어드니 어떤 나무를 심을지는 잘 생각해 보아야 한다.

고층 빌딩으로 가득한 도시에서 소음이 크게 느껴지는 것은 도시를 채우는 건물의 재료가 달라졌기 때문이다. 예전의 건물은 대부분 목재, 돌담, 흙과 같은 자연 재료를 사용하여 건물의 미세한 틈이 소리를 흡수했다. 하지만 지금처럼 높이 치솟은 유리와 콘크리트 건물은 자동차 소리를 건물에 반사하고 증폭시켜 날카로운 소리가 된다. 그렇다고 방음벽으로 도시의 모든 소음을 막아 분리시킬 수도 없다.

천연 섬유로 만든 옷을 입으면 피부가 건강해지고 편안해지는 것처럼, 자연 재료로 도시를 채우면 소리도 부드러워진다. 쉼터,

텃밭, 호수와 같은 공간을 만들어 건물과 건물, 건물과 도로 사이를 자연으로 채우면 도시의 소음은 그 속으로 흡수된다. 도시에 자연을 담으면 시끄러운 소음은 자연스레 사라지고 자연의 소리가 들릴 것이다.

도시의 정적

〈김씨 표류기〉라는 영화가 있다. 자살 시도에 실패하고 한강 가운데 있는 밤섬에 혼자 표류하는 한 남자와 방안에 고립된 채 사는 한 여자의 이야기가 교차하는 내용이다. 각자 자기만의 공간에 고립되어 있던 두 사람은 마지막 장면에서 결국 만난다. 엇갈릴 뻔한 이들을 만나게 한 것은 다름 아닌 민방위 훈련 경보이다. 고막을 찌르는 민방위 훈련 경보가 울리는 순간 시내버스에서 그들은 마침내 마주한다.

시끄럽던 도시가 정적에 휩싸일 때가 있다. 배가 지나가기 위해 강이나 운하에 다리를 들어 올리면 다리로 연결되던 도시의 흐름은 끊기고 다리를 오가던 차량과 사람의 움직임에 고요함만 흐른다. 우리나라에는 민방위 훈련 공습경보가 울리면 거리에 있던 차량이 모두 멈춰서 적막감이 감돈다.

소리가 사라진 도시는 정지 화면처럼 낯설다. 이 순간이 길어지면 소리가 들리지 않는 도시는 무성영화처럼 밋밋하거나 답답

하고, 스산하거나 불안하게 느껴진다. 소리가 들리지 않는다는 것은 움직임이 없다는 것이다.

사람들은 도시에서 숲이나 공원 같은 조용한 공간을 원한다고 생각한다. 하지만 모든 사람이 그렇게 느끼는 것은 아니다. 사람은 점점 나이가 들수록 생기 있는 공간을 좋아한다. 양로원에 거주하는 노인들은 공원이 내다보이는 조용한 곳보다 시끄럽게 사람이 오가는 도로변을 좋아한다. 분주하고 소란한 소리가 도시의 활력을 전하기 때문이다. 실제로 어린이는 어린이대로 소리가 주는 자극이 필요하고, 나이 든 사람은 소리를 통해 활력과 에너지를 전달 받는다.

도시에서 들리는 소리에는 순기능도 많다. 자동차에서 전혀 소리가 나지 않는다면 앞에 걸어가는 사람은 뒤에서 다가오는 위험을 알 수 없다. 일상생활의 적당한 소음은 정보를 알려준다. 도시에서 소리가 사라지는 순간 사람들은 장면만으로 추론하고 대응해야 한다. 공들여 응시하지 않아도 소리로 쉽게 알 수 있던 정보는 공기 중으로 사라져 시각으로 정보의 의미를 찾기 위해 노력해야 한다.

바르셀로나 엘 라발 지구의 현대미술관 광장에서는 다양한 소리가 들린다. 이 광장은 정신이 쏙 빠질 정도로 시끄럽고 혼잡스럽다. 세 면이 건물로 둘러싸인 광장에서 스케이트보드를 타는 소리는 사방으로 반사되어 귀를 얼얼하게 한다. 하지만 이 소리

낙후하고 위험했던 바르셀로나 구도심은
광장이 들어서자 소란스러운 소리가 들리는
활기찬 공간으로 변해 활력을 되찾았다.

는 동네에 활기를 주는 반가운 소리이다. 항구 인근에 자리해 낙후되고 범죄율이 높던 동네에 미술관이 들어온 후 광장이 만들어지자 젊은이들이 모여들면서 사람이 살기 좋은 매력적인 동네로 탈바꿈했다. 소란스럽고 벅적한 소리가 어둡고 우울한 동네를 활기차게 바꿔 놓은 것이다.

정적은 도시에 색다른 매력을 주지만, 도시의 벅적한 소리에서 특유의 에너지를 느낄 수 있다. 소리가 사라진 도시는 더 이상 우리가 알던 도시가 아니다. 도시를 가득 채운 수많은 소리들은 사람들에게 생기를 전한다. 사람과 도시는 결국 소리로 연결된다. 고요한 도시는 다시 소리가 들려오는 순간 활기를 되찾는다.

합창 교향곡

도시는 크고 다양해서 한눈에 이해하기 어렵다. 이럴 때는 작은 축소판인 건축물을 살펴보면 된다. 건축물 중 소리를 전달하는 데 가장 많은 노력을 기울이는 장소는 콘서트홀이나 오페라 하우스이다. 강의실, 거리, 집, 지하철도 각각 필요한 소리를 담고 전달하지만, 음향이 사람들에게 제대로 전달되도록 가장 심혈을 기울이는 장소는 음악당이다. 클래식을 공연하는 공간은 음이 그대로 관객에게 전달되도록 스피커를 사용하지 않고 음악당 자체의 설계로 원음을 살린다.

음악당의 설계 과정을 살펴보면 음이 관객에게 제대로 전달되게 하기 위해서 매우 세밀한 계산과 작업이 필요한 것을 알 수 있다. 무조건 소리가 잘 울린다고 좋은 공간은 아니다. 공간의 목적에 맞는 소리를 전달해야 하기 때문이다. 같은 곳이라도 오페라 전용 공간이냐 콘서트 전용 공간이냐에 따라 설계가 달라진다.[4] 콘서트홀을 건설할 때는 외부의 소리와 진동은 차단하고 정확히 계산한 잔향을 내도록 설계하는데, 2초 정도의 잔향이 남으면 좋은 공간이다. 오페라는 가사의 전달이 필요해서 콘서트홀보다 짧은 1.5~1.8초 정도의 잔향이면 충분하다.

음악당을 설계할 때는 음원에서 퍼져 나가는 소리에 대한 공간의 흡음과 반사음, 객석에 관객이 앉아있을 때 변하는 소리, 반사판을 통해 돌아오는 소리까지 계산해야 한다. 에코가 너무 많으면 소리가 명료하지 않기 때문에 소리가 울리지 않도록 공간을 설계해야 이상적이다. 이렇게 세심한 주의와 노력이 기울여졌을 때 우리는 아름답고 원음에 가까운 소리를 들을 수 있다.

좋은 소리를 위한 음악당을 만드는 것이 어려운 것처럼 좋은 소리가 들리는 도시를 만드는 것도 매우 어렵다. 같은 소리라도 그 도시를 얼마나 많은 사람들이 채우고 있으며 주변을 무엇이 둘러싸고 있는지에 따라 소리가 달라진다. 어떤 소리는 묻히고, 어떤 소리는 반사되고, 어떤 소리는 증폭된다. 도시에도 콘서트홀과 같이 음원과 관객과 반사판이 있다. 관객은 거리를 매운 사

스페인 바르셀로나의 카탈라냐 음악당. 수십
개의 악기가 아름다운 음악을 만드는 것처럼.
도시에서도 수많은 소리들이 풍요로운
생활의 배경을 이룬다.

람들이고 반사판은 거리를 둘러싼 건축물들이다. 음의 크기뿐 아니라 높낮이까지 있는 소리의 파장은 상쇄되기도 한다. 그래서 공간의 형태가 어떠한지, 재료가 무엇인지, 사람이 많이 모이는지에 따라 잔향이 달라진다.

전통적인 도시에서 음악당의 역할을 하는 공간은 많은 사람이 모이고 연주, 공연, 연설이 이뤄지는 광장이다. 서양 광장은 주로 건물로 둘러싸여 있어 소리가 흩어지지 않고 건물에 반사되니 반사판도 설치된 셈이다. 이런 광장에 담기는 소리는 도시에 색깔과 활기를 전한다. 남프랑스 님므Nimes의 작은 광장은 소곤거리는 이야기가 담겨 실내악 공연장처럼 고풍스럽고 평화로울 것이고, 런던 트라팔가Trafalgar 광장은 귀가 먹먹한 요란함으로 록 공연장 같은 에너지를 전할 것이다.

하지만 오늘날의 도시는 광장이 아니더라도 다양한 공간에서 소리가 퍼져 나간다. 공원, 버스 정류장, 쇼핑몰, 고궁, 미술관에서 사람들은 소리를 만들고 소통한다. 오래된 절에서 들려오는 종소리는 복을 구하는 모습을 담고, 겨울밤에 들리는 찹쌀떡 소리는 계절을 알리는 반가운 소리이다. 자동차, 사람, 기계, 나뭇잎, 바람, 이 모든 것들이 내는 다양한 소리가 함께 모여 하나의 음악처럼 들리는 곳이 도시이다.

소리가 있기에 빛이 없는 순간에도 도시는 안도감을 전한다. 밤에 눈을 떴을 때 옆에서 사랑하는 사람의 숨소리가 들리면 마음이 따뜻해지는 것처럼 우리는 보지 않아도 충분히 느낄 수 있다. 소리가 없는 도시는 무성 영화와 같다. 도시의 풍요로움, 신선함, 번잡스러움, 생동감은 소리를 통해 전달된다. 다양한 소리가 조화롭게 들리는 도시는 연주자, 청중, 무대를 모두 갖춘 거대한 콘서트홀이다.

Ⅲ

도시의 피부를 만지다

Skin of City

촉감은 가장 솔직하게 도시를 표현하고,
공간을 만든 의도와 메시지를 직접적으로 전해준다.

촉감으로 기억하는 도시

만남의 시작

피부를 통해 전달되는 촉감은 몸을 둘러싼 대부분의 피부로 감각을 느낄 수 있다는 점에서 후각이나 청각과 다르다. 잔디밭에 누워 있으면 잔디에 닿는 손등은 간지럽지만, 돌멩이에 쓸린 등은 쓰라리고, 개미에게 물린 발가락은 따갑다. 심지어는 입안에서도 자극과 통증을 느낄 수 있다. 촉감은 다양하고 복합적인 감각을 동시에 느끼게 한다.

촉감은 피부가 물체에 닿아야만 느낄 수 있기 때문에 모든 감각 중 가장 직접적이다. 소리는 증폭되고 냄새는 바람의 방향에 영향을 받지만 촉감은 왜곡되지 않고 그대로 전달된다.

냄새나 소리는 도시가 직접 만드는 경우가 드물다. 도로를 가득 매우는 자동차 소리도, 쓰레기 소각장의 냄새도 도시를 배경으로 하지만 그 자체가 도시에서 발생되는 것은 아니다. 하지만 촉감은 사람이 건축물과 접하거나 광장이나 거리를 걸을 때 도시에서 직접 느낄 수 있다. 촉감은 가장 솔직하게 도시를 표현하고, 공간을 만든 의도와 메시지를 직접적으로 전해준다.

'옷깃만 스쳐도 인연'이라는 말이 있지만, '눈빛만 마주쳐도 인연'이라던가 '한마디만 나눠도 인연이다'라고는 표현하지 않는다. 부지불식간에 물리적인 접촉이 있을 때 상대방과의 관계가 비로소 맺어진다는 것이다. 서양에서는 만나면 악수를 하고 가까운 사이는 만나고 헤어질 때마다 볼을 마주대고 뽀뽀를 한다. 악수는 중세에 기사들끼리 서로 무기를 숨기고 있지 않다는 것을 알리기 위해 시작됐지만 이제는 일상적인 인사가 되었다. 또한 복종을 나타낼 때는 무릎을 꿇고 손등에 키스하며 충성을 맹세하기도 한다.

접촉이 인간관계를 함축적으로 표현하는 것처럼 사람과 도시도 접촉을 통해 만난다. 건물에 들어가기 위해서는 손잡이를 잡고 문을 열어 문지방을 밟아야 한다. 발을 디디고 손을 뻗어 접촉하는 순간 사람은 공간을 본격적으로 느낀다.

손끝의 맞닿음

도시의 촉감은 대부분 건물이나 인공 시설물, 자연에서 느낄 수 있다. 현대 도시의 많은 건물은 콘크리트로 만들어져 있지만 콘크리트를 직접 만지는 경우는 드물다. 건물 구조에 적합한 골조

카르티에 재단에 전시된 글로리아
카브랄(Gloria Cabral)의 작품. 이 작품이
우리에게 와 닿는 것은 형태에 앞서 파벽돌을
사용한 재료의 질감 때문이다.

재료와 건물의 벽을 덮는 부분에 사용되는 재료가 다르기 때문이다.

건물을 감싸는 내부는 사람 몸과 닿는 경우가 많아 부드러운 재료를 많이 사용한다. 반면 외부에는 비, 온도, 햇빛 등 여러 충격을 잘 버텨야 하기 때문에 단단한 재료가 사용된다. 아무리 질감과 색이 예뻐도 대리석을 외부에 사용했다가는 비가 샐 수도 있기 때문이다. 건물 외부의 재료는 시간이 지나면서 촉감이 달라진다. 건물 외부에 쓰인 돌은 비, 바람, 햇볕의 영향으로 갈라지고 거칠어진 이런 재료들은 도시 고유의 느낌을 만든다.

건축가는 형태를 디자인할 때만큼이나 재료 선택에 매우 신중하다. 아무리 매스 디자인*이 훌륭하고 창의적이어도 형태를 살리는 재료를 찾지 못하면 단순한 그림으로 끝나는 어설픈 디자인이 되기 때문이다. 건축가가 건물을 지을 때는 같은 재료를 써도 표면의 느낌을 어떻게 줄지 깊이 고민한다. 이를 마감이라 부르는데, 마감 방법의 선택은 단지 나무를 쓸지, 돌을 쓸지를 고민하는 데서 그치지 않는다.

가령 화강석을 거칠게 마감해서 돌의 원초적인 느낌을 전할 것인지, 매끄럽게 표면을 다듬어 세련되고 도시적인 느낌을 줄 것인지 고심한다. 전체적인 재료와 촉감을 결정한 후에도 사람들의 손이나 발길이 많이 닿는 하단부, 창호 주변, 지붕에 다른 재료를 사용할지, 같은 재료를 사용할지 세심하게 선택한다. 건물

---

* 건축물의 대략적인 형태를 디자인하는 것.

01

02

의 각 부분이 주는 촉감과 역할이 다르기 때문이다.

바티칸에 위치한 시스티나 성당 천장에는 미켈란젤로가 율리우스 2세 교황의 명을 받고 4년 동안 그린 천장화가 있다. 그중 1511~1512년에 그려진 〈아담의 창조The Creation of Adam〉는 조물주가 아담을 만들고 그에게 생명을 불어넣으려는 순간을 담고 있다. 조물주가 손가락을 내밀어 아담의 손가락과 닿으려는 장면은 너무나 유명하다.

전지전능한 조물주는 굳이 손끝이 맞닿는 접촉을 통해 생명을 전할 이유가 없다. 한쪽 눈을 깜빡거리거나 머리로 생각이 스치기만 해도 모든 일이 가능한 신이기 때문이다. 하지만 미켈란젤로는 〈아담의 창조〉에서 조물주의 손끝이 아담의 손끝에 닿는 접촉을 통해 생명을 불어넣는 것을 표현했다. 신체가 직접 닿는다는 행위가 그만큼 상징적이기 때문이다. 함축적이고 상징적인 이 장면은 수많은 영화와 작품에 재현되었다. 르네상스 시대의 천재 화가 미켈란젤로는 인간의 교감과 이해가 손끝의 맞닿음에서 시작된다는 것을 수백 년 전부터 알고 있었다.

촉감을 찾아가는 길

시간이 지나면 후각은 쉽게 피로해지기 때문에 처음처럼 좋은 향기를 계속 느끼지 못한다. 향이 강한 경우 처음에는 좋게 느끼다가 쉽게 질리는 경우도 있다. 아무리 좋은 음악이라도 음향이 크면 쉽게 피로해지고 청각에 무리가 온다. 하지만 촉각은 시간에 상관없이 좋은 감각을 지속적으로 느낄 수 있다.

실크로드는 중국 문물을 서양으로 전파하는 동서양 교류의 통로였다. 실크로드는 이름 그대로 중국에서 생산되는 실크를 서양으로 운반하고 판매하기 위해 개척되었다. 실크 이외에도 다른 물품을 상인을 통해 서양으로 전파했지만 이 길을 따라 판매된 상품의 대부분은 중국 비단이었다. 부드러운 촉감으로 서양인을 매혹시킨 실크는 이천 년이 넘는 시간 동안 꾸준히 동서양의 문물을 이었다.

실크로드는 기원전 2세기경 중국 한나라 시절에 개척되어 동양과 서양을 연결했다. 장안에서 시작해 서쪽으로 뻗어나가는 길은 천산 산맥을 따라 타클라마칸 사막과 파미르 고원, 그리고 중앙아시아 초원을 지나 콘스탄티노플과 지중해에 도착하는 머나먼 길이었다. 6,400킬로미터에 다다르는 이 길은 초원, 오아시스, 바다로 점차 나뉘어 발달했다. 척박하고 험난한 길이었지만, 그 위에 교역의 중심지와 먼 길을 가는 상인들이 쉴 수 있는 정주지가 생겼고, 이 취락은 도시로 발달했다.

세계에서 바다와 제일 멀리 떨어져 있는 우루무치Wulumuqi나 죽음의 사막인 타클라마칸Taklamakan을 거쳐 도착하는 카슈가르Kashgar는 실크로드의 대표적인 도시다. 실크의 촉감을 원했던 사람들의 욕망은 고원, 초원, 산맥, 대륙, 바다를 건너 길을 뚫었고 도시를 만들었다. 1453년 오스만 제국이 동로마 제국의 수도인 콘스탄티노플을 점령하면서 실크로드를 통한 교역이 어려워지자, 서유럽 국가들은 동양으로 연결되는 바닷길을 새로 찾아 나섰다. 그리고 이는 콜럼버스의 아메리카 대륙의 발견으로 연결된다. 이 모든 역사는 인류가 실크의 촉감을 간절하게 원했던 것과 깊게 연관되어 있다.

따뜻하고 아늑한 공간, 포근한 침대처럼 공간은 촉감으로 자주 표현된다. 그렇다고 모든 공간이 실크처럼 부드러워야 하는 것은 아니다. 사무실의 딱딱한 의자와 차가운 유리 책상은 긴장감 있는 업무를 돕는다. 공부하는 수험생이 푹신한 소파에 앉아 효과적으로 공부하기는 어렵다. 평범한 일상은 일과 휴식이 적절하게 조합된 모습이기 때문이다. 도시를 이루는 수많은 재료는 공간의 성격을 정하고 전달한다. 사람이 촉감을 만족시키기 위해 찾아간 길은 머나먼 서역을 찾아 떠나는 실크로드에도 있었지만, 푹신한 소파와 침대를 찾아 매일 집으로 돌아가는 도시의 짧은 길에도 있다.

도시의 피부

건물의 피부

갓난아기의 피부는 말랑말랑하지만 나이가 들수록 탄력 있던 피부는 거칠어지고 주름이 생긴다. 얼굴을 보거나 목소리를 듣지 않아도 손을 만지거나 얼굴을 쓰다듬으면 피부로 사람의 나이를 얼추 짐작할 수 있다.

건물의 피부도 만져보면 그 나이를 알 수 있다. 몇 백 년 된 성당을 석회암으로 새롭게 단장해도 사람들이 수백 년 동안 드나들면서 닳아버린 성당의 문지방을 밟거나 반질반질한 손잡이를 만지면 건물의 나이가 느껴진다.

도시는 건물로 둘러 쌓여있기 때문에 건물의 촉감은 도시의 촉감을 좌우한다. 현대 건물의 표면에는 '스킨'이라는 표현을 쓴다. 외피Envelope라는 표현을 쓰기도 하는데 다 같은 얘기다. 건물에도 사람처럼 뼈대의 역할을 하는 골조, 외부와 내부 공간을 구획해서 막아주는 벽, 바깥과 만나는 외피가 있다. 수백 년 전 건물

도시의 시간은 건물의 피부로 전달된다.
런던 성의 거칠고 마모된 돌과 타워 브리지로
연결되는 오래된 벽돌의 질감은 도시의
나이를 전해준다.

은 구조적인 역할을 하는 기둥과 돔, 벽이 비바람을 막고, 공간의 분위기까지 연출했다. 과거의 건물은 벽과 지붕이 본연의 모습을 그대로 드러냈기 때문에 건물을 짓기 위해 결이 곱거나 무늬가 아름다운 재료를 찾아야 했다.

하지만 현대의 건물은 구조와 기능이 명확하게 구분된다. 건물의 구조는 콘크리트나 철골로 된 기둥과 보가, 벽은 칸막이처럼 공간을 구분하거나 비바람을 막고 소음을 차단했다. 벽과 분리되어 건물이 매력적으로 보이도록 하는 외피는 벽면 위에 덧붙여졌다. 이전의 벽돌 건물은 안팎에서도 벽돌이 보였고 벽을 부수면 깨진 벽돌이 드러났지만, 요즘의 벽돌 건물을 부숴 보면 벽돌은 건물 벽에 타일처럼 붙어 있다. 콘크리트로 되어 있는 벽 안쪽에는 석고 보드가 있거나 나무판자 위의 벽지에는 페인트칠이 되어 있다. 건물이 여러 옷을 켜켜이 입기 시작한 것이다.

건물 외피가 벽에서 해방되자 건축가들은 창의성을 발휘해 건물에 예술성을 더했다. 기존에는 벽돌이나 돌처럼 무겁고 반영구적인 재료를 벽으로 썼지만, 힘을 지지하기 어려운 가벼운 재료들을 표피로 사용하기 시작했다. 코뿔소의 피부와 같았던 건물의 피부는 이제 잠자리 날개처럼 가벼워졌다. 깨지기 쉬워 매우 조심해서 다뤄야만 했던 유리가 건물 전체를 뒤덮었고, 동판, 알루미늄 패널, 석판처럼 얇고 가벼운 재료들이 건물 벽을 장식했다. 건물의 피부는 페티코트 위의 드레스 자락처럼 풍성하게 부풀려

졌고 그전과는 다른 질감과 볼륨감을 자랑하며 예술을 입고 도
시에 등장했다.

늙지 않는 도시

건물 표피가 벽과 분리되자 건물 외피도 유연하고 부드러운 형태
로 자유롭게 구현되었다. 1930년대 듀퐁 DuPont에서는 거미줄보다
가늘고 실크처럼 부드러운 최초의 합성 섬유 나일론을 개발했다.
나일론은 강도가 높고 가벼우며 오염도 잘 되지 않아 스타킹으로
만들어져 많은 인기를 끌었다. 이후 속옷, 블라우스 같은 다양한
의류의 재료가 되어 순식간에 패션계를 점령했다.

　나일론처럼 가벼워진 건축물은 새로운 건축 세계를 열었다.
건물의 외피는 벽과 독립되어 얇게 덧입혀졌다. 외피가 너무 무
거우면 벽에 걸어서 지탱하기 어렵기 때문에 되도록 가벼운 얇
은 판을 붙이는 것이 일반적인 방식이 되었다.

　시공 기술이 변화하자 요즘 건물들은 석재로 둘러싸여 있어도
이전의 건축물보다 묵직한 느낌이 덜하다. 예전처럼 쌓아 올리지
않고, 얇게 붙인 경우가 많기 때문이다. 유리든 세라믹 패널이든
재료를 얇은 고리에 걸어서 매다는 것이 가장 일반적인 방법이
되었다. 이 방법을 취하자 돌이나 패널의 일부분이 손상되거나
깨지면 그 부분만 보완하는 것이 가능해졌다. 이 얇은 돌판 안쪽

은 빈 공간이라 깨지는 즉시 갈아주지 않으면 안으로 빗물이 흘러들어가 건물이 보기 흉해져 빨리 새 재료로 바꿔주어야 한다.

몇 백 년 전의 건물에서 느껴지는 재료의 마모, 갈라짐, 표피의 변화는 선택 사항이 되었다. 이제 깨져나간 돌의 우둘투둘한 부분이 마모되어 매끄러워지는 과정을 손끝으로 느끼는 것은 드문 일이 되었다. 19세기까지 표피로 나이를 드러내던 건물은 20세기에 기술이 발달하자 자신을 위장하기 시작했다. 예전에는 건물의 시간이 촉감으로 전해졌지만 이제는 박피술로 리모델링하면 아무도 이 건물이 40년 전의 건물인지, 어제 새로 지은 건물인지 알 방법이 없어졌다.

서울의 나이가 600살이 넘었지만 그 시간이 잘 느껴지지 않는 것은 대부분의 건물이 콘크리트와 유리, 알루미늄 패널로 둘러싸여 있기 때문이다. 십 년 남짓한 짧은 시간 안에 개발된 많은 우리나라의 신도시는 촉감이 전체적으로 유사하다. 돌이든 금속 패널이든 콘크리트 벽의 페인트칠이든 매끈하고 차가운 촉감이 도시 환경의 대부분을 이룬다. 하지만 오랜 시간 동안 천천히 만들어진 도시에는 다양한 촉감이 살아 있다. 목조 건물도, 깨진 전벽돌* 건물도, 시멘트 블록을 쌓아올린 건물도, 손톱만큼 작은 모자이크 타일 건물도 있다. 런던을 보면 같은 벽돌 건물이라도 18세기 조지 왕조 시대, 19세기 빅토리아 시대, 현대식 벽돌 패널 건물의 다양한 촉감이 도시를 풍부하게 한다.

---

* 흙을 구워 정사각형 또는 직사각형의 납작한 벽돌 모양으로 만든, 동양의 전통적 건축 재료. 여러 가지 모양과 무늬가 있으며 주로 바닥과 벽의 재료로 쓴다.

01

02

01
현대의 건물 외피는 구조와 분리되면서
창의적인 표피를 가질 수 있게 되었다.

02
도시의 시간은 건물을 구성하는 재료의
촉감에서 잘 전달된다.

서울 사대문을 감싸고 있는 한양 성곽의 묵직하고 거친 질감은 오랫 동안 도시를 지켜온 무게감을 전달한다. 처음 산 가죽 가방은 반짝이고 매끈하지만 딱딱하다. 하지만 시간이 지나면 가죽 가방은 부드러워진다. 흔히 말하는 길이 든다는 것이 바로 이것이다. 도시를 채우는 재료와 촉감도 마찬가지이다. 사람과의 접촉으로 길이 들어 재료의 느낌이 부드러워지고 시간을 담은 건물이 손끝에 닿을 때 촉감이 풍부한 도시가 된다.

포르투의 길

도시에서 매순간 일어나는 움직임은 땅에 딛고 있는 발을 통해 전달된다. 직접 걷지 않는 경우라도 버스나 지하철을 타고 있으면 그 진동이 발로 전달된다. 발끝은 매우 민감하고 도로에는 다양한 사람이 다니기 때문에 모두에게 필요한 요소가 최대한 반영되어야 한다. 도로가 너무 딱딱하면 보행감이 좋지 않고, 너무 부드러워도 유모차 바퀴가 빠질 위험이 있다. 흙길은 맑은 날씨에 산책하기 좋지만 비가 오면 질척거린다. 길은 다리가 불편하거나 목발을 사용하거나 시력이 좋지 않거나 유모차나 휠체어를 탄 사람들 모두가 안전하게 다닐 수 있어야 한다.

일반인에게는 크게 불편하지 않은 울퉁불퉁한 도로 표면이나 작은 턱은 누군가에게는 혼자 올라가지 못할 높은 턱이자 균형을 잃게 하는 장애물이다. 얼마 전 우리나라에서 여성 친화 도시를 만들기 위해 하이힐 굽이 끼지 않고 편안하게 걸을 수 있는 보도를 만든다는 아이디어가 있었다. 우리나라의 보도는 주로 벽돌이나 시멘트로 이루어져 있기 때문에 하이힐 굽이 보도에 끼면 얼마나 당황스러운지는 겪어본 사람만이 안다.

우리나라의 길은 벽돌, 보도블록, 화강석 등 상당히 다양한 재료들로 구성되어 있다. 최근에는 폐타이어를 이용한 푹신한 보도도 많아졌다. 공원에는 지압을 위한 자갈 박힌 길이나 황톳길도 있다. 이렇게 다양한 재료들은 우둘투둘한 자갈, 부드러운 진흙, 까칠까칠한 모래, 푹신한 잔디, 단단하게 발을 튕겨내는 아스팔트와 돌처럼 각자의 독특한 촉감을 전한다.

유럽의 오래된 도시의 도로에서는 우리나라보다 단순한 재료들을 보게 된다. 화강석을 작게 깬 포석을 갈거나, 아스팔트, 시멘트 등을 주로 볼 수 있다. 같은 재료라도 크기와 재질감을 다양하게 해 여러 촉감을 길에서 느낄 수 있다. 같은 포석도 도로변 주차장, 도로, 보행로에 따라 다르다. 포석이 깔리는 방향을 빗금 모양으로 바꾸거나, 사람이 걷는 보행로에는 보다 작은 돌을 깔아 분위기와 발끝의 느낌을 변화시킨다.

포르투의 구도심을 걸어보면 포석의 다양한 촉감을 느낄 수 있다. 돌조각을 보도에 가지런히 깔거나 빗금 모양, 원형 모양, 무늬를 넣는 포석의 방식이 다양하다. 차, 사람, 전차, 자동차가 다

포르투 구도심의 길. 작은 포석이 깔려
있지만 중앙에는 큰돌을 가로로 깔아
비탈길을 올라가기 편하게 했고, 중간에는
물 빠지는 구멍도 만들어 놓았다.

니는 길마다 다른 크기, 질감, 모양의 돌로 채워져 있어 아줄레주Azulejo로 유명한 포르투의 건축이 묻어난다.

루이스 1세 다리의 북쪽에서 포르투 성당으로 향하는 길을 올라가다보면 오래된 빈집이 모여 있는 동네를 지나게 된다. 이곳은 경사가 매우 심해 사람만 다닐 수 있도록 길이 좁고 구불구불해 자연적으로 만들어진 길이 그대로 느껴진다. 길에는 투박하고 크기도 제각각인 돌이 박혀 있는데, 길 가장자리에는 작은 돌들이 깔려 있고, 중앙에는 크고 길쭉한 돌을 가로로 깔아 사람들이 편안히 길을 올라갈 수 있게 했다. 길 한가운데는 물이 빠지는 철물까지 설치되어 있다.

겨우 차선이 두 개 교차되는 작은 길에도 사람과 자동차를 위한 포석, 레일이 깔린 트램웨이와 그 양쪽의 잔디, 횡단보도 앞에 박힌 화강석 조각 같은 다양한 재료들이 한 공간에 있다. 포르투에서 길을 걸을 때 느껴지는 발의 촉감으로 각 공간의 성격이 저마다 다르다는 것을 느낄 수 있다.

발끝이 전하는 메세지
바닥 재료는 단순히 디자인만을 위한 것이 아니다. 바닥 재료의 촉감은 각각 다른 공간이나 영역을 나타낸다. 도로변 주차장이나 도로에서 집으로 들어가는 길은 바닥에 거친 질감을 준 빗금무늬

• 주석 유약을 사용해 그림을 그려 만든 포르투갈의 도자기 타일 작품.

로 운전자에게 조심해서 지나가라는 메시지를 전한다. 횡단보도 앞에 포석을 띠로 깔아 우둘투둘하게 하는 것, 횡단보도를 조금 높게 올려 차가 건널 때 충격을 받도록 하는 것, 지하 주차장으로 들어가는 곳에 가로로 경사진 홈이 파인 것도 마찬가지다. 길의 재료나 패턴은 이렇게 공간마다 메시지를 담고 있다.

외부에서 내부로 가까워질수록 재료는 거침이 덜하고 매끈해진다. 바깥 공간은 아스팔트지만 대문을 지나면 중정中庭 바닥 타일로, 현관문을 열고 들어가면 나무나 매끄러운 타일로 바뀐다. 외부는 비나 눈이 올 경우 바닥이 미끄러우면 넘어질 수 있어 거친 촉감이 필요하지만, 실내는 그럴 필요가 없기 때문이다. 발이 부드러운 촉감을 느끼면 우리는 안전하고 따뜻한 실내로 이동하고 있다는 것을 알아차릴 수 있다.

돈화문과 진선문을 거쳐 인정문으로 들어서면 행각으로 둘러싸인 창덕궁 마당에는 박석이 깔려 있다. 인정전은 창덕궁의 정전으로, 국가의 중요한 행사가 열리고 왕과 신하들이 회의를 하는 상징적인 공간이다. 왕의 집무 공간인 편전과 내전으로 사용된 희정당과 대조전의 마당은 일반 한옥과 같은 굵은 모래가 깔린다.[*] 프랑스의 베르사유 궁전이나 루브르 궁전을 봐도 전정이나 중정 바닥에 권력자의 권위를 상징하기 위해 견고하고 강한 돌을 깐다. 하지만 궁궐 안쪽의 정원은 부드럽고 편안한 흙, 풀, 나무로 꾸며져 있다. 바닥의 재료와 질감을 통해서도 왕의 권력

---

[*] 창덕궁의 편전은 원래 선정전이었고, 희정당은 왕의 침전, 대조전은 왕비의 침전이었으나 조선 후기에 희정당은 편전으로 사용됐고, 대조전은 왕과 왕비가 사용했다.

01
02

01
창덕궁의 정전인 인정전 마당에는 박석이
깔려 있지만 국왕의 사적인 거처인 희정당
앞에는 굵은 모래가 깔려 있다.

02
베르사유 궁전에서는 돌이 깔린 광장을
지나면서 궁전의 권위를 느낄 수 있다.

을 나타내는 동서양의 표현법은 그리 다르지 않았다.

이렇게 다양한 촉감 중 시각 장애인을 안내하기 위한 길은 가장 중요하다. 정보를 전하기 위한 이 길은 약속처럼 표현 방식이 정해져 있다. 단순히 오돌토돌해 보이는 점자 블록이 알려주는 정보는 매우 다양하다. 특히 뉴욕은 보도 블록을 통해 다양한 정보를 체계적으로 전한다. 건물의 출입구, 안내 표지판, 벤치와 같은 스트리트 퍼니처Street Furniture*의 위치를 알려주는 것은 물론이고, 도로의 이름과 번지수도 점자 블록에 쓰여 있다. 이렇게 체계적인 점자 블록은 시각 장애인에게 지도와 비슷한 역할을 한다.

라이언 프랭크 바움의 소설 『오즈의 마법사The Wizard of Oz』에서 도로시는 노란 벽돌 길을 벗어날 때마다 위험에 빠진다. 작가는 벽돌의 견고함이 안전함을 상징한다고 생각해서 노란 벽돌 길을 따라가라고 이야기를 만들었는지 모른다. 캔자스로 돌아가고 싶어 하는 도로시는 이 벽돌 길을 따라 빨간 루비 구두를 신고 집으로 가는 길을 찾아 나선다. 발이 느끼는 촉감은 보행자의 안전을 보장하면서 공간의 기능과 분위기를 전달하는 중요한 역할을 한다.

---

* 보도에 설치된 여러 시설물을 모두가 함께 사용하는 하나의 가구로 보는 개념.

도시의 온도와 습도

온돌의 추억

사람의 피부에는 각기 다른 감각을 느끼는 냉점, 온점, 압점이 있다. 압점은 미세한 촉각과 압력을 전하는 압각을 느낀다. 촉각과 압각은 통각에 비해 전달 속도가 훨씬 빠르다. 압정을 밟았을 때는 시간이 잠시 지난 후 통증이 느껴지는데 이것이 바로 촉각과 통각의 전달 속도 차이다. 압점은 사람을 부상으로부터 방지하고 부드럽거나 거친 느낌으로 쾌감이나 불쾌감을 전한다.

한편 열에 대한 감각은 냉점이나 온점으로 느낀다. 열은 뜨거운 냄비나 차가운 얼음에 손이 닿았을 때 느껴진다. 따뜻함과 서늘함은 항온 동물인 인간이 생존을 위해 느껴야 하는 가장 기본적인 온열 감각이다. 체온은 너무 낮지도, 높지도 않아야 하기 때문에 사람들은 겨울에는 따뜻한 공간을, 여름에는 시원한 공간을 찾는다.

이누이트 족의 이글루는 얼음 조각을 돔 형태로 쌓아 외부의

찬 공기를 차단하고 내부의 따뜻한 공기를 유지해 추운 기후도 오래 버틸 수 있다. 습하고 더운 캄보디아에서는 통풍이 잘 되도록 나무 위에 집을 지어 비가 온 후 습하지 않게 한다. 우리나라처럼 추운 겨울에 난방이 필요한 지역에서는 각자의 방식으로 공간을 덥힌다. 가령 유목 생활을 하는 몽골은 게르Ger*에서 직접 장작으로 난로를 때고, 일본은 다다미방에서 화로를 땐다.

우리나라는 방바닥 하부에 구들 불‡을 피우는 온돌 방식을 사용한다. 이때 난방 불은 방 바깥에서 지피고, 땔감을 태우면서 발생하는 연기는 외부 굴뚝으로 빠져나간다. 중국의 추운 북방 지역에도 온돌이 있다. 고구려에서 건너가 중국에 정착한 난방 방식은 화캉火炕이라고 불린다. 화캉은 방의 일부분을 돌로 쌓아 침대처럼 높여서 바닥보다 높은 일부분에만 난방을 한다는 점이 방 바깥에서 불을 피워 방 전체를 덥히는 우리나라 온돌과 다르다.

우리나라 사람이라면 온돌 문화와 매우 친숙하고, 추운 겨울에 쩔쩔 끓는 아랫목에 대한 기억이 많다. 그러나 온돌 문화는 서구식 아파트로 바뀌면서 접하기 어려워졌다. 그러자 옛 온돌의 추억을 잊지 못하는 사람들 때문인지 도시에 찜질방이 생겨났다.

한국에는 독특한 방문화가 있다. 노래방, 공부방, DVD방, 빨래방 등 나열하자면 끝이 없다. 그중 찜질방은 가장 인기가 많다. 찜질방에서 친구와 수다를 떨기도 하고, 음식을 먹거나 영화를 보기도 한다. 여름에 열대야가 기승을 부려도 사람들은 더위를

---

* 나무로 골조를 만들고 그 위를 펠트로 덮어 만드는 이동식 천막집.
‡ 불기운이 방바닥 밑으로 난 방고래를 통해 퍼지도록 하기 위하여 아궁이에 때는 불.

01
몽골은 게르에서 장작으로 난로를 피워
추위를 버틴다.

02
일본은 화로를 피워 난방을 해결한다.

피해 이곳을 찾는다. 찜질방으로는 쩔쩔 끓는 온돌을 제대로 느낄 수 없었는지 불가마, 숯가마까지 등장했다.

추운 기후를 가진 나라에서도 우리나라처럼 열을 느낄 수 있는 공간을 좋아한다. 핀란드의 사우나, 일본의 온천이 그렇다. 핀란드에는 집집마다 사우나가 있고, 화산이 많은 일본에는 온천이 발달했다. 그러나 이 공간은 거주를 위한 곳이 아니다. 다시 말하면 이곳에서 밥을 먹거나 잠을 자지는 않는다. 한국 온돌의 특수성은 온열 감각을 기반으로 새로운 공간 문화를 탄생시켰다.

햇빛과 햇볕

한겨울에 영하 15도까지 내려가는 서울과 10월 중순부터 2월 말까지 넉 달 내내 비가 오는 파리의 겨울은 매우 길다. 그러다 3월이 오고 햇살이 따뜻해지면 사람들은 도시 밖으로 나오기 시작한다. 공원은 따뜻한 봄에 제일 먼저 반응한다. 공원의 봄은 초록 새순이나 꽃망울뿐 아니라 기지개를 켜고 해를 받으러 나오는 사람들의 모습에도 찾아온다.

태양은 햇빛과 햇볕을 전달한다. 햇빛은 시각에 대한 자극이고, 햇볕은 촉감에 대한 자극이다. 햇빛은 가시광선을 통해 주변을 밝게 하고, 햇볕은 태양의 복사열에서 느껴진다. 태양빛은 태양광 패널의 광자 차이를 통해 전기를 발생시키고, 태양열은 집

열판을 통해 증기를 덥힌 뒤 터빈을 돌려 전기를 만든다는 점이 과학적으로 다르다.

봄에 공원을 찾는 사람들은 벤치에 앉거나 잔디에 누워 햇볕을 맞는다. 프랑스에서는 맨발로 잔디밭을 걷거나 햇빛 좋은 날에 카페테라스에 앉아 봄을 느낀다. 따스한 봄에는 우리나라 공원도 유모차를 밀고 산책하는 젊은 부부나 아침저녁에 조깅을 하는 사람들로 붐빈다.

하지만 이 따사로움은 그리 오래가지 않는다. 이제야 봄이 왔나 싶으면 금세 햇살이 따가운 여름이 찾아온다. 해가 뜨거워지면 우리는 언제 따뜻한 햇살을 그리워했냐는 듯 해를 피한다. 여름이 되면 햇볕은 어떻게든 피하고 싶은 존재가 된다. 같은 태양에서 나오는 햇볕은 봄에 절실히 원하던 것에서 여름에는 짜증스러운 자극으로 변한다.

건물로 둘러싸여 있는 대도시의 여름은 자연의 여름보다 더 덥다. 장마철이 지나면 도시에 찾아오는 열대야는 자연적인 기후 특성이라기 보다는 인공적인 도시 환경으로 인한 영향이 더 크다. 낮 동안 뜨거운 태양으로 덥혀진 건물이 밤에 담아 두었던 열을 뿜어내기 때문이다. 콘크리트나 아스팔트는 축적된 열이 식는 데 시간이 걸려 밤에 기온이 낮아져도 빨리 식지 못하고 열기가 밀려온다. 밤마다 각 집에서 돌아가는 실외기도 도시의 열을 한층 더 높이는 요소이다.

파리에서는 겨울이 끝나고 봄이 찾아오면
사람들은 공원에 모여들어 저마다의
방식으로 햇살을 만끽한다.

전기를 사용하는 제품에서는 대부분 열이 발생한다. 냉장고나 에어컨은 물론 컴퓨터는 더더욱 심하다. 이를 냉각시키기 위한 냉방에서 발생하는 이산화탄소는 날아가지 못하고 그대로 대기에 축적되어 대기 오염의 주범이 된다.

추위로 벌벌 떨었던 도시는 이제 더위를 무서워 하는 분위기로 바뀌었다. 폭염, 혹서라는 단어가 자주 들리고 혹서가 난민을 만들었다는 기사가 나온다. 이러한 상황을 완화시키기 위해 도시에 녹색 지붕을 만들고 나무를 많이 심어 열섬을 없애려는 노력을 기울이지만 언제쯤 그 효과를 볼지 막연하다. 2100년에는 대도시의 온도가 지금보다 7도에서 8도 가량 올라갈 것이라고 예측한다.[1]

이쯤 되자 바다에 떠 있는 새로운 도시를 만들겠다는 구상이 나오기도 한다. 도시가 시원한 바다에 떠 있으니 원하는 기후를 찾아 떠날 수 있어 도시에서 더위로 고생할 일은 없을 듯하다.

과거 도시에는 겨울에도 햇볕을 받아 따뜻함을 유지하기 위한 오랑주리, 온실, 식물원이 있었다. 하지만 이제는 햇볕을 피하는 방법을 고안하거나 필요한 만큼의 햇볕만 받아들이는 기술이 필요하다. 햇빛과 햇볕은 과학적으로는 다르지만 사실상 구분되지 않는다. 햇살의 따뜻함이 어느 순간 따가움으로 느껴지는 것처럼 도시 환경도 미묘하게 변화되었다. 미세한 변화가 어느 선을 넘어가면 돌이키기 힘들다는 것을 점점 뜨거워지는 도시가 말해주고 있다.

도시 속 오아시스

도시에서 물이 있는 공간은 가장 중요하다. 물이 없으면 생명도,
문명도 존재할 수 없기 때문이다. 그러다 보니 사막에서는 오아
시스를 중심으로 촌락이 생겨났고, 동네에서는 아낙네들이 우물
가로 모여들었다. 물이 있는 곳에 항상 사람들이 붐볐고 마을이
발달했다.

공중목욕탕이나 사우나는 도시의 역사와 함께 한다. 기원후
3세기 로마 시대에 지어진 카라칼라 욕장Terme di Caracalla은 사람을
천 명이나 수용할 수 있을 정도로 규모가 크고 화려했다. 이곳은
도서관과 체육 시설을 갖춘 종합적인 위락 시설로 모든 로마인이
방문하는 중요한 장소였다.[2] 욕장에는 관계 시설과 온수 시설은
물론 천장에 수증기가 올라가서 물방울이 떨어지지 않도록 벽에
홈을 만들었을 정도로 물을 다루는 수준이 섬세했다.

이후 바로크 시대에도 로마는 트레비 분수나 나보나 광장 분
수를 설치했다. 19세기 후반에는 거리에 음용수대를 설치하여
누구에게나 깨끗한 물을 공급했다. 부자나 가난한 사람이나 원하
는 만큼 마실 수 있는 물은 도시를 모두가 평등하게 살 수 있는
공간으로 만들었다.

카라칼라 욕장은 목욕탕은 물론 도서관과
체육 시설까지 갖춰 로마의 찬란한 문화를
보여준다. 물을 다루는 관계 기술의 수준이
높고, 건축 기법 또한 매우 섬세하다.

우리의 생활 공간도 몇 십 년 전까지는 물을 중심으로 구성되어 있었다. 아파트가 발달하기 이전인 1960~70년대에는 여러 집이 함께 나눠 쓸 수 있는 작은 마당이 있었다. 마당 중간에는 쇠로 된 펌프나 수돗가가 있어서 사람들은 그곳에서 물을 사용했다. 동네의 우물이 집안으로 들어온 것과 마찬가지다.

하지만 도시화가 급격하게 진행되면서 도시 속에서 물은 사라지고 습도 또한 낮아지고 있다. 생활 환경을 표시하기 위해 사용되는 상대 습도는 대도시일수록 낮다. 1954년부터 2011년까지 우리나라 대도시의 강수량과 습도를 분석한 자료를 보면 도시별로 상대 습도에 차이가 난다는 것을 알 수 있다. 1983년부터 2011년까지의 자료를 보면 대도시는 65.3퍼센트, 중소도시는 67.0퍼센트, 비도시지역은 71.1퍼센트로 도시의 인구가 높고 규모가 클수록 습도가 낮아진다. 1954년에서 1963년까지 대도시와 비도시 지역 간의 상대 습도 차이는 1.1퍼센트였지만, 2002년에서 2011년까지는 6.5퍼센트로 커졌다.[3]

대도시에서 상대 습도가 낮아지는 이유는 수증기의 절대적인 양은 비슷하지만 기온이 올라가서 수증기의 상대적인 양이 적어지기 때문일 수도 있다. 하지만 그보다 도시가 대부분 아스팔트와 콘크리트로 채워지면서 물을 머금을 수 있는 토양이나 녹지의 생태 면적 비율이 낮아진 것이 근본적인 문제일 가능성이 높다.

비가 내린 후 물이 하수도로 쓸려 내려가면 대기 중으로 돌아가는 수증기의 증발량이 적어진다. 실제로 개울, 도랑, 물웅덩이, 저수지처럼 자연 상태로 물을 담는 공간을 도시에서 보기 어려워졌다. 도시에 건물이 들어서고 땅이 포장되면 비가 왔을 때 물을 머금고 있다가 비가 그친 후 땅속의 물을 다시 공기 중으로 돌려주기 어렵다. 그러다 보니 도시에서는 가뭄이 점차 심해지고 있다.

촉촉함은 습기가 적당해 기분이 좋은 느낌, 축축함은 물의 양이 많아 젖은 느낌을 표현한다. 봄비와 새벽이슬, 눈가에 맺힌 눈물은 촉촉하고, 장맛비에 젖은 바짓가랑이나, 오줌 싼 이부자리는 축축하다.

도시에서 물을 머금은 장소를 만나기 어려워서 촉촉함을 주는 호숫가와 강가 근처에 위치한 집은 인기가 많다. 물은 도시에서 생활을 풍요롭게 하는 가장 기본 요소이다. 촉촉한 피부를 위해 목욕을 한 후 보습제를 바르는 것처럼 높은 건물들로 사막화된 도시에도 오아시스가 필요하다.

01
파리의 운하는 과거 물류 운송 수단으로
사용됐지만 최근에는 여가 생활의 공간으로
활용되고 있다.

02
파리 가로변에 설치된 물이 샘솟는 분수.

새로운 촉감을 찾아서

만지지 마세요

김동리의 소설 『복바위』는 나병에 걸린 한 여인이 복바위를 갈면서 아들을 만날 소원을 비는 내용이다. 복바위라고 불리는 커다란 바위에 앉아 하루 종일 돌멩이로 바위를 갈다가 그 돌이 바위에 붙으면 소원이 이뤄진다는 이야기가 나온다. 무속 신앙 같지만 사물을 직접 만져서 기운을 전달 받으려는 바람은 우리 생활에서도 쉽게 찾아볼 수 있다.

돌하르방의 코를 만지면 아들을 낳는다는 속설 때문인지 제주도를 찾는 사람들은 대부분 돌하르방의 코를 만진다. 요즘 세상에 굳이 아들을 낳고 싶은 사람이 있을지는 모르겠지만, 속설을 믿어서라기보다는 두툼하고 인심 좋은 코를 보면 왠지 모르게 만지고 싶어진다. 미술관에 있는 조각상도 사람들의 손이 닿은 부분은 윤이 난다. 『복바위』에서 돌멩이로 복바위를 갈아야 그들의 바람이 간절하게 전달된다고 생각하는 것처럼 사람들은 아름다운 물체를 직접 만져서 실체를 확인하고 싶어 한다.

이슬람에서는 다섯 가지 의무 중 하나로 일생에 한번 이슬람의 성지인 메카Mecca로 여행하는 문화가 있다. 무함마드가 태어난 메카는 이슬람교의 성지이다. '하즈Hajj'라고 불리는 이 성지는 이슬람 달력으로 12월인 두 알 히자Dhu Al-Hijja에 행해진다. 메카에 도착한 무슬림은 아브라함이 지었다는 카바 신전에 들어가 반시계 방향으로 일곱 바퀴를 돌아 신전 가운데에 있는 검은 돌을 손으로 만지거나 입을 맞추며 기도한다. 평생에 한 번은 거쳐야 할 그 길을 떠나 돌에 손이 닿았을 때의 느낌은 표현하기 어려울 정도로 감동적일 것이다.

의식은 여기서 끝나지 않는다. 카바 신전을 방문한 이슬람들은 메카에서 동쪽으로 5킬로미터쯤 떨어진 도시 미나Mina에 머문다. 촉각을 동원한 종교 의식이 계속되는 미나에서는 수백만 명의 순례자들을 위해 십만 개 이상의 텐트를 설치하는 진풍경이 벌어진다. 순례자들은 해가 떠있는 동안 49개의 돌을 7개씩 악마의 기둥에 던져 악마를 쫓아내는 의식을 치른다. 돌기둥에 돌을 던지기 전날 밤 미나의 남쪽 평원인 머스잘리파에서 주운 자갈을 던지며 '악마는 물러가라!'고 소리를 지른다.[4] 카바의 성스러운 돌에 입을 맞추고, 돌을 던져 악마를 쫓아내는 접촉을 통해 종교 의식이 완성되는 것이다.

미술관에 가면 작품이나 조각상 앞에 '만지지 마세요'라는 문

2008년 하즈의 모습. 가운데 있는 검은
거대한 돌이 카바이다. 일 년에 한 번인 이
기간에 전 세계의 무슬림들은 신성한 돌
카바를 만지기 위해 메카로 모여든다.

구가 적혀 있다. 하지만 이 문구를 보면 오히려 만져보고 싶은 마음이 생긴다. 작품에 설명이 쓰여 있지만 글을 읽는 것으로는 작품이 충분히 전해지지 않는 기분이다. 캔버스는 천인지 나무인지, 터치감은 어떤지, 물감의 두께는 어느 정도인지 손으로 작품을 직접 만져봐야 수백 년 전에 그려진 작품이 제대로 이해되기 때문이다.

아름다운 작품을 직접 만지고 싶어 하는 것처럼 매력적인 도시를 만났을 때도 그곳에 오래 머물며 직접 만지고 싶어 한다. 사람들은 파리의 퐁 데 자르Pont des Arts 다리 중간에 놓인 나무 벤치에 앉거나 철제 난간에 기대고 싶어 하고, 퐁뇌프 다리 중간에 움푹하게 파인 원형 공간의 돌 의자에 앉아 파리를 감상하고 싶어한다. 오랜 시간 비와 햇빛에 갈라진 벤치의 나뭇결과 사람들의 손길에 반질반질해진 난간을 직접 만져보면 도시가 제대로 느껴진다.

인지의 출발점

스위스의 철학자이자 심리학자인 장 피아제Jean Piaget는 사람의 인지 발달을 감각 운동기, 전 조작기, 구체적 조작기, 형식적 조작기의 4단계로 구분했다. 그에 따르면 태어났을 때부터 만 2세까지는 감각 운동기에 해당한다. 이 시기에는 손가락을 입에 넣고 빨거나 물건을 집어 던지며 주변을 이해한다. 그는 아기가 촉감으로 신체 활동과의 연관성을 운동 기능과 통합시키면서 사고하는 능력을 발달시킨다고 했다.

프로이트Freud는 정신 분석학에서 감각적 욕구가 충족되느냐 그렇지 못하느냐에 따라 사람의 성격이나 정신적인 문제가 결정된다고 주장했다. 사람의 발달을 5단계로 구분한 그의 이론에 따르면 어린 시절에 감각을 충족하는 것은 매우 중요하다. 그는 가장 어린 시기에 해당하는 0세부터 1세 사이에 쾌감을 주는 빨고, 씹고, 먹는 감각이 충족되어야 한다고 했다. 이 시기에 나타나는 감각이 충족되지 못하면 성격이나 정신적인 문제가 발생할 수 있다고 말했다.

실제로 부모들은 아이를 키울 때 촉감에 대한 책을 제일 먼저 접하게 한다. 아이들은 펠트 천, 양모, 골판지, 스팽글, 비닐, 스펀지를 만지며 다양한 촉감을 느낀다. 촉감은 아이들의 본능적인 욕구를 충족시키고 인지 능력을 발달시키는 데 중요한 감각이다.

20세기 후반에 건축은 매우 빠른 속도로 발전했다. 중력을 넘어선 듯한 구조를 보이기도, 새로운 재료로 신공법을 만들기도 했다. 최근에는 이러한 발전을 넘어서는 획기적인 건축 기술이 등장했다. 십여 년 전부터는 구조재를 하나씩 세워 재료를 쌓거나 거푸집을 세우고 콘크리트를 타설하는 방법을 벗어나 건물 전체를 3D 프린터로 짓는 일이 가능해졌다.

얼마 전까지는 3D 프린터를 사용해 작은 집이나 다리를 짓는 실험 단계였지만, 이제는 실제로 사람이 살 수 있는 쾌적한 건축물을 지울 수 있게 되었다. 2017년에는 두바이의 아랍 에미리트 빌딩 앞에 두바이 미래 재단Dubai Future Foundation을 위한 '미래의 사무실Office of the Future'이라는 이름의 건물이 3D 프린터로 지어졌다. 3D 프린터로 콘크리트 외피 벽, 창으로 쓰이는 유리, 두바이의 강한 햇빛을 가리기 위한 블레이드, 사람이 생활하기에 필요한 모든 기능까지 다 만들었다. 각 재료를 조립하는 데 고작 17일이 걸린 이 건물의 건설 비용이나 기간은 비슷한 규모의 건물에 비해 50퍼센트 정도 밖에 소요되지 않았다.[5]

19세기 후반에 발명된 컨베이어 벨트는 1913년부터 포드사 공장에서 사용된 후 재료는 기계가 있는 공장으로 운반되어 제조되고, 공장에서 조립된 제품은 다시 상점에 진열되었다. 그러나 이제는 제품을 생산하는 기계가 건물이 세워지는 장소로 옮겨져서 땅 위에서 직접 건물을 만든다. 3D 프린터의 초기 단계에는 건물의 섬세한 디테일을 구현하기 어려웠지만 지금은 복잡한 형태도 정교하게 구현한다. 특히 비정형적인 형태의 구조물이나 외피를 만드는 데 탁월한 장점을 보인다.

3D 프린터는 형태 구현에 기술적으로 크게 발전했지만, 만들 수 있는 건축물 재료에는 아직 제한이 크다. 전통적인 건축물에 쓰이는 나무, 가죽, 천과 같은 자연 재료로는 만들기 어렵기 때문

스페인의 몬세라트 수도원은 각 부분마다
다른 재질의 석재를 사용해 독특한 질감으로
사람들에게 감동을 준다.

에 아직까지는 첨단 기술인 3D 프린터에 모든 건축물을 맡기기가 어렵다.

사람이 사는 환경의 내부는 작은 커튼, 원목으로 된 식탁, 양털로 짠 카펫을 배치할 때 비로소 편안함이 느껴진다. 보송하고, 미끄럽고, 까끌하고, 서걱거리고, 부드러운 다양한 촉감을 주는 재료들은 흡음이나 보온 역할까지 한다. 공간의 촉감은 재료의 물성과 연결되어 있기 때문이다.

아이들이 낡은 담요를 항상 끌어 안고 다니는 행동은 포근한 촉감이 안정감을 주기 때문이다. 촉감은 성인의 정서에도 마찬가지로 영향을 미친다. 포근하고, 까끌하고, 단단하고, 말랑말랑한 감각을 다양하게 접할 때 단조롭거나 차갑게 느껴지는 도시의 느낌이 훨씬 완화된다. 하나의 색깔만으로 채워진 공간보다 더 우울한 곳은 하나의 촉감만으로 채워진 공간일 것이다. 풍요로운 도시는 다양한 촉감을 만족시키는 도시이다.

트롱프 뢰이

미술 기법 중 눈을 속인다는 의미의 '트롱프 뢰이Trompe l'oeil'는 눈으로 보이는 것과 실제가 다르다는 것을 뜻한다. 실제가 아닌 걸 알면서도 눈앞에 보이는 광경을 믿지 않을 수 없을 만큼 정교하다. 몇 년 전 우리나라에 트릭 아이 전시회가 유행했다. 그림 앞에 서는 순간 절벽에서 쏟아지는 폭포 한가운데 사람이 아슬아슬하게 매달려 있다거나, 몸과 다리가 분리되는 장면이 연출된다. 물론 아무도 보이는 장면을 그대로 믿지 않지만 그렇다고 믿지 않을 수도 없는 희한한 장면이 눈에 들어온다.

건축물에서도 오래전부터 트롱프 뢰이 기법을 사용했다. 폼페이 시대 건축물을 보면 벽이나 홀에 정원이나 도시의 풍경을 그려 한정된 실내가 외부와 연결되는 것처럼 꾸몄다. 바로크 시대에는 이 방식을 매우 적극적으로 사용했다. 이 기법은 매우 뛰어나 실제 공간과 착각이 일어날 정도로 작품의 수준이 높았다. 착시를 이용해 평평한 천장을 화려한 돔이 있는 것처럼 꾸미거나, 벽면에 아름다운 발코니와 정원이 있는 것처럼 공간을 연출했다. 이러한 기법으로 사람이 액자를 뚫고 나온다거나 그림 대신 벽에 장식품이 걸려있는 것처럼 보이게 하는 미술 작품들이 나오기 시작했다.

포르투갈의 포르투는 대서양에 면한 바다 도시이다. 15세기부터 크게 발전한 이곳은 18, 19세기에 포트 와인을 중심으로 한 무역이 매우 번성했다. 상인의 영향력이 매우 컸던 포르투의 역사적인 전통은 오늘날까지도 계승되고 있다. 포르투 중심의 증권 거래소 팔라시우 다 볼사Palácio da Bolsa는 상업을 중심으로 발달해 핵심적인 기능을 하면서 상징적인 의미를 지닌다.

1842년부터 1910년까지 신고전 양식으로 건축된 이 건물의 내부는 독특하고 아름답다. 이 건물의 백미는 알람브라 궁전을 모티브로 하여 18년 동안 만든 무어 스타일로 장식된 아라비안 홀이다. 그 외에도 4~5미터 되는 화강석 기둥에 섬세하게 조각한 계단 홀이나 교역하는 국가들의 상징을 천장에 그려 넣은 중앙 홀도 매력적이다. 각 공간마다 수년에서 십여 년씩까지 긴 시간을 들여 지은 건물이라 그 아름다움이 더할 나위 없다.

모든 공간이 상징적이고 중요하지만, 그중 법정과 초상화의 방을 지나 도착하는 회의룸은 가장 핵심적인 공간이다. 팔라시우다 볼사에서 아직도 활동하는 상업 협회는 이 회의룸에서 일 년에 한 번 대표를 선출한다. 이 공간은 프레스코*와 장식으로 화려한 다른 방과는 달리 바닥부터 천장, 벽, 세부 장식까지 모두 나무를 사용해 분위기가 차분하고 우아하다. 회장 선출이 이루어지는 공간의 벽에는 협회 마크를 부조했고, 벽은 나무로 장식했다. 법정과 비슷한 분위기가 느껴지는 포르투에서는 나무가 매우 비싸기 때문에 상징적인 공간에 걸맞는 귀한 재료로 공간을 연출한 것이다.

그러나 이곳에는 비밀이 숨겨져 있다. 우리 눈에는 모든 공간이 나무로 만들어진 것처럼 보이고, 방에서 향긋한 나무 냄새가 느껴지지만, 실제로 이 공간에 쓰인 목재는 20퍼센트 정도다. 나머지는 석고로 형태를 만든 다음 그 위에 나무의 질감이 나도록 칠을 했다. 나뭇결까지 완벽하게 연출했기 때문에 실제로 두드려

---

* 르네상스와 바로크 시대에 많이 그려진 벽화를 일컫는다. 석회·석고 등으로 만든 석회벽의 건조가 채 되지 않은 덜 마른 벽면에 수용성 그림물감으로 채화하는 기법이다.

01

02

01
팔라시우 다 볼사의 아랍룸은 1862년부터
1880년까지 무어 양식으로 꾸며져 독특한
아름다움을 자랑한다.

02
포르투 팔라시우 다 볼사의 회의룸은 천정,
바닥, 장식 모두 나무인 것 같지만 실제로
목재가 사용된 부분은 20퍼센트 정도밖에
되지 않는다.

보지 않으면 무엇으로 공간을 만들었는지 알 수가 없다. 방에 들어가 가이드의 설명을 듣기 전까지는 어디까지가 나무이고 어디부터가 나무인 척하는 재료인지 구분하기 힘들다.

이곳은 현실적인 비용으로 최고의 효과를 발휘하려는 상업정신을 그대로 보여준다. 격조 높은 공간을 연출하기 위해 눈은 알아 차리지 못하는 섬세한 작업으로 실제보다 더 실제처럼 느껴지는 감동적인 공간을 창조한 것이다.

렐루 서점의 마법

팔라시우 다 볼사와 같은 스타일로 만들어진 포르투의 또 다른 공간은 렐루 서점이다. 해리포터에 영감을 준 서점으로 알려진 이 서점은 사람들이 이곳에 들르기 위해 포르투갈을 여행할 정도로 아름답다. 모던 스타일과 신고딕 양식이 합쳐진 자그마한 2층짜리의 이 건물은 1906년에 완성됐다. 주변을 둘러싼 전통적인 포르투 타일 건물과는 달리 여러 모티브로 장식해 밝은 분위기를 지닌 연한 분홍빛과 푸른색이 감돈다.

서점이 문을 여는 시간에 맞춰 와도 서점 앞은 구경하기 위해 줄을 선 사람들로 북적이는데, 서점 내부로 발을 딛는 순간 사람들은 아름답고 섬세한 공간에 감동 받는다. 서점의 한가운데 자리한 우아한 곡선의 붉은 계단은 물론이고, 책 서가와 연결되어

2층 바닥을 받치도록 만들어진 정교한 건축 형태와 장식, 천장을 꾸미는 다양한 목구조 부재와 디자인은 서점이 이렇게도 아름다울 수 있다는 감탄을 자아낸다.

스테인드글라스 모자이크로 장식된 천장의 유리에서 쏟아지는 빛은 이곳이 세계에서 가장 아름다운 서점이라는 찬사가 당연하게 느껴진다. 1층의 서가는 고딕 성당의 아치를 연상시키고, 천장은 기하학적 문양이 섞인 장식으로 가득 채워져 있다. 2층으로 올라가는 곡선 계단의 뒷면, 천장, 벽면 곳곳에는 꽃을 모티브로 한 아치와 장식들로 가득하다. 누가 봐도 손재주가 탁월한 장인이 목재를 정교하게 세공해 공간을 꾸몄다고 느껴질 것이다.

하지만 이 서점은 눈에 보이는 것처럼 완전히 나무로 꾸며진 것이 아니다. 손이 닿는 부분에는 주로 목재를 사용했지만 대부분 석고로 모양을 내고 목재 느낌이 나도록 다시 칠한 것이다. 이 세심함은 목재가 아니라는 것을 알기 전까지 온전히 나무로 느껴진다. 나뭇결이 하나하나 다 살아있기 때문이다. 그러나 나무로 보이는 부재를 손으로 가볍게 만지거나 살짝 두드려 보면 석고라는 것을 알 수 있다. 물론 석고는 매우 약한 재료이기 때문에 손으로 만질 때 훼손되지 않도록 조심해야 한다. 이 아름다운 서점의 부재가 대부분 석고라는 것을 아는 순간 렐루 서점에서 떠오른 해리포터의 영감은 우연이 아니었고, 서점 자체가 마법의 공간으로 느껴진다.

01

02

01
포르투의 렐루 서점은 서점 전체가 나무로
만들어진 것처럼 보이지만 손이 닿는
곳에는 나무를, 그렇지 않은 곳에는 석고를
사용했다.

02
렐루 서점의 중앙 계단. 서점의 많은 부분을
석고를 사용해서 만들었다는 것을 알고 봐도
여전히 나무로 만들어진 것처럼 느껴진다.

렐루 서점이나 팔라시우 다 볼사의 회의룸을 나무로 만들지 않았다고 건축적 가치가 줄어드는 것은 아니다. 오히려 한 부재마다 수년을 공들여 나무의 질감을 그렸을 장인들을 생각하면 더욱 애정이 깊어진다. 눈으로는 공간의 실체를 제대로 알기 어렵다. 우리를 둘러싼 공간이 무엇인지 진실에 가까운 모습을 파악하고 싶다면 보이는 것을 모두 진실로 받아들이지 말고, 촉감으로 직접 느껴 보아야 한다.

도시의 움직임

도시의 진동

진동은 단위에 'inches/sec' 나 'cm/sec²'처럼 시간 개념이 들어간다. 이는 같은 강도라도 단위 시간이 더 짧으면 진동은 더 커진다는 얘기다. 과거에는 천둥이나 지진과 같은 자연현상 이외의 인위적인 진동이 그리 많지 않았다. 하지만 요즘에는 도시에서 진동이 자주 발생한다. 카페에서 커피를 주문하면 진동 벨이 커피가 준비됐음을, 사람이 많은 장소에서는 핸드폰이 진동으로 문자나 전화를 알려준다.

도시에서 우리가 느끼는 진동은 크기나 빈도수가 매우 다양하다. 그중 가장 흔한 진동은 교통수단에서 발생하는 진동이다. 특히 대형 트럭이 지나갈 때는 땅 전체가 울렁거리기도 한다. 공사장을 지날 때나 도로 포장을 걷어내기 위해 아스팔트 바닥을 깰 때도 온몸이 요동칠 정도로 진동이 엄청나다.

사람들은 보통 버스나 트럭이 지나가는 강도인 65VdB*에서 진

---

* 'Vibration Decibels'의 약자로, 소음을 나타내는 단위인 데시벨(Decibels)과 구분하기 위해 진동을 표시할 때 사용하는 단위이다.

동을 느낀다. 기차가 빨리 지나갈 때는 80VdB, 불도저나 중장비 기계에서 나는 지면 진동은 95VdB 정도이다.[6] 소음은 주로 도시 전체에 퍼져 있지만 진동은 일부 지역에서만 일어난다. 진동은 소음을 유발하기 때문에 도시에서는 각각 허용하는 진동의 기준을 만들고 이를 넘지 않도록 규정한다.

진동에는 규칙적인 진동과 불규칙적인 진동이 있다. 도시에서 주로 문제가 되는 것은 규칙적인 진동이다. 건물을 해체할 때 발생하는 진동은 그 강도가 일반적인 진동과 비교할 수 없이 크다. 하지만 사람들을 힘들게 하는 것은 규칙적인 진동이다. 일반적으로는 하루에 70회 이상 발생하는 진동을 빈번한 진동, 70~30회 사이를 가끔씩 발생하는 진동, 30회 이하를 드문 진동이라고 규정한다. 도시의 지하철이나 기차 같은 교통수단은 빈번한 진동을 발생시킨다.[7] 아랫집이 문을 닫을 때 발생하는 간헐적인 진동에도 사람은 매우 민감하게 반응한다. 주로 지반을 통해 전달되는 진동은 외부에서는 잘 느껴지지 않지만 실내에서 민감하게 느껴진다. 땅을 통해 전달된 진동이 다시 건축물을 통해 실내로 전달되기 때문이다.

하지만 진동은 물리적인 자극에 대해서만 쓰이지 않는다. 우리는 멋진 장면을 보고 감동을 받으면 '심장이 뛴다'거나 첫사랑을 만났을 때 '심장이 터질 것 같았다'고 표현한다. 이러한 감성을 건축물로 연결시킨 건축가가 있다. 오스트리아의 건축가 그룹인

쿱 힘멜블라우Coop Himmelb(l)au*는 벌레를 연상시키는 매우 추상적이고 기이한 형태의 건축물을 추구한다. 이들은 '건축은 불꽃이 타오르고, 부드럽고, 딱딱하고, 각지고, 황홀하고, 억제하고, 축축하고, 건조하고, 고동쳐야 한다'고 주장하며 사람들의 감성과 상상력을 자극하는 공간을 구현한다.

이 건축가 그룹은 작품을 감각적으로 접근하여 감성을 담은 건물을 도시에도 선보였다. 1971년에는 사람들의 심장 박동과 숨, 뇌의 알파파와 움직임에 따라 도시가 변화하는 내용을 담은 프로젝트 〈도시의 진동과 교감하기Feedback Vibration City〉를 진행했다. 1969년의 프로젝트 〈심혼 공간-우주의 풍선Heart Space - Astro Balloon〉를 발전시킨 이 프로젝트는 이후 2008년 베니스 비엔날레에서 전시되었다. 두 명의 사람이 투명한 공에 들어가 두뇌나 심장의 역할을 하며 이들의 심장 박동에 따라 커다란 비눗방울 같은 공간의 색채와 모습이 변화하는 실험적이고 환상적인 전시였다.[8]

이 프로젝트가 웨어러블 기기를 착용하는 많은 사람이 참여하여 도시 전체 차원으로 확대된다고 가정해보자. 도시에 설치한 건축물이 사람의 감각 기관을 자극해 심장 박동에 진동을 일으키면 빅데이터는 다시 도시로 전달될 것이다. 그리고 사람의 감정과 도시가 상호 작용을 일으켜 인간의 생체 변화에 따라 반응한다면 도시는 운동 기관처럼 항시적으로 변할 것이다.

---

* 1968년 오스트리아 빈에서 설립된 합동 건축 설계 회사이다. 1988년 미국 뉴욕 현대 미술관에서 열린 '해체주의 건축전'에서 국제적 찬사를 받았다.

쿱 힘멜블라우는 작품을 감각적으로
접근하여 감성을 담은 건물을 도시에
선보였다.

쿱 힘멜블라우는 이 시험적인 작품을 '궁극의 의사소통Ultimate Communication'이라고 표현했다. 마음을 뛰게 하는 도시의 건축물은 이들의 정의처럼 과연 사람들의 커뮤니케이션을 끌어내는 도구로 작용할까? 아마도 그 답은 분명히 '그렇다'일 것이다.

공간이 주는 메세지

접촉에는 소극적인 방식, 적극적인 방식 등의 다양한 방식이 있다. 악수의 방식도 다양하다. 손끝만 살짝 대는 사람도 있고, 네 손가락으로 손을 둥글게 감싸는 사람도, 악력을 보여주려는 듯 힘을 꽉 주는 사람도 있다. 각자의 손을 잡는 방식은 상대방과의 친밀도를 보여주고, 사람의 성격이나 관계에 대한 적극성을 나타낸다.

건물도 사람과 접촉할 때 사람들과 어떻게 만날지 고민한다. 건물의 의자와 손잡이는 사람과 가장 많이 접촉하는 부분이다. 의자와 손잡이는 다양한 형태로 많은 의미를 담는다. 편하게 앉으라는 친절한 의자도 있지만, 잠시 걸터앉기만 하라는 의자도 있다.

이전의 지하철역에는 대부분 긴 벤치가 있었지만 노숙자들이 이용하는 일이 잦아지자 칸을 막아 사람이 눕지 못하도록 변했다. 사람이 항상 북적이는 파리의 피라미드 역에 대기 공간이 부족해져 높고 얇은 바Bar만 설치해 엉덩이만 걸치도록 하는 의자도 생겼다. 이러한 의자는 잠시 쉬고 빨리 목적지를 향해 떠나라는 메시지를 준다.

하지만 제대로 휴식을 취하라고 만들어진 시설물도 있다. 파리 팡테옹 앞에는 온몸을 눕혀 햇빛을 만끽하며 쉴 수 있도록 만들어진 넓은 목재 설치물이 있다. 대학생과 관광객이 많은 이곳은 약속을 기다리는 사람들이 긴 나무 각목을 연결해 만든 이 시설에서 훨씬 여유롭게 시간을 보낼 수 있게 되었다.

도시와 접촉할 수 있도록 고안된 공간은 시간을 자유롭게 보내라는 메시지를, 엉덩이만 살짝 걸치도록 만들어진 공간은 빨리 떠나라는 메시지를 준다. 패스트푸드점 의자는 딱딱하고, 백화점 VIP 라운지의 소파는 푹신하다. 패스트푸드점에서는 음식을 빨리 먹고 금방 자리를 뜨라는 의미이고, 백화점 소파에서는 오랫동안 편안하게 쉬며 여유롭게 쇼핑하라는 의미이다.

매년 센 강에서는 바닷가 해변을 그대로 재현한 플라주Plage가 열린다. 강변 산책로에 마련된 모래사장에 드러누워 하늘을 보면 도시 한복판의 해변에 온 것 같다. 요즘에는 공항, 공원, 강가에 몸을 길게 눕혀 편히 쉴 수 있는 벤치를 많이 설치한다. 이는 장소를 단순히 지나가는 공간으로 생각하지 말고 오래 머물며 편하게 쉬라는 도시의 메시지이다.

01
파리 지하철은 의자 대신 바를 설치해서
겨우 걸터 앉을 수만 있게 했고, 눕지 않도록
좌석을 띄엄띄엄 배치했다.

02
사람들은 팡테옹 옆의 거대한 휴식용 벤치에
누워 해를 쬐거나 친구들과 얘기를 나누며
시간을 보낸다.

접촉 없는 세상

얼마 전까지만 해도 집, 학교, 사무실에서 창문이나 커튼을 열거나 난방을 하려면 손으로 사물을 직접 만져야 했다. 하지만 요즘은 손을 대지 않고도 커튼을 열고 닫거나 조명이나 보일러를 켜고, 전화도 걸 수 있다. 기술의 발달로 사물과의 접촉이 필수가 아닌 선택인 세상으로 변하고 있다. 아직까지는 검지로 핸드폰 화면을 만지지만 음성 인식과 홍채 인식이 등장하면서 점점 접촉이 사라지는 시대가 되었다. 그러면 이제 도시에서 접촉을 통한 촉감은 사라질까? 도시는 어떻게 변할까?

미래 도시는 인공 지능을 기반으로 작동하는 스마트 도시이다. 가상과 실재의 구분이 점점 어려워지고, 굳이 이동하거나 찾아 나서지 않아도 필요한 것들이 집 앞에 오는 사회가 되었다. 스포츠 센터를 가지 않아도 유튜브에서 스타 트레이너와 함께 운동하고, 대학에 가지 않아도 휴대폰으로 유명한 교수의 강의를 듣는다. 맛집을 방문하지 않아도 훌륭한 요리들을 배달해 맛보고, 계좌를 열기 위해 은행에 들를 필요가 없다.

이런 사회에서는 사람과 도시의 접촉도 당연히 줄어든다. 예전에는 여행을 떠나고 싶으면 여행사에 직접 방문해 여행 상품을 알아보고, 돌아오는 길에 지하철을 타고 쇼핑센터에 들러 여행에서 입을 옷과 신발을 샀지만 이제는 이불 속에서 모든 것을 해결한다.

빅 데이터와 AI에 기반한 도시에서는 앞으로 더 많은 접촉이 사라질 것이다. 여행지에서도 우버, 소카를 이용하면 택시를 기다리는 시간도 줄어들고 주소를 알려주거나 택시비를 지불하기 위해 지갑에서 돈을 꺼내 건네는 모든 접촉 행위가 불필요하다. 일상생활에서도 버스와 지하철 시간을 정확히 예측할 수 있기 때문에 추운 날 버스 정거장에서 하염없이 기다릴 일도 없다. 애꿎은 보도블록을 발로 차면서 택시를 기다릴 일도 사라질 것이다.

그렇다면 도시와 사람들의 접촉은 이전보다 훨씬 줄어들까? 주문자는 움직이지 않지만 현관 앞으로 고객이 주문한 물건을 가져다주기 위해 물류 센터는 바빠지고, 택배 기사들은 열심히 일해야 한다. 핸드폰으로 인해 사람들의 움직임은 적어졌지만 누군가는 도시와 더 분주하게 접촉할 것이다. 물론 드론이 배달을 대체하지 않는다는 전제하에서 말이다.

하지만 오프라인 상점으로 향하는 발걸음은 줄어들었어도 남는 시간을 여가 시간으로 활용해 온라인에서 대체하기 어려운 공원이나 카페를 찾는 사람들이 늘어나고 있다. 카페에서 혼자 앉아 있는 사람이 핸드폰에 빠진 모습을 흔히 볼 수 있다. 핸드폰은 집에서도 할 수 있지만 사람들은 다른 사람들과 함께 머무는 공간을 찾아간다. 우리나라보다 독립생활이 일반화된 파리나 런던에 가면 수많은 사람들이 아침부터 카페에서 노트북으로 일을 하거나 신문을 읽는 모습을 볼 수 있다.

최근 세계적인 대도시에서 가장 유행하고 번창하는 공간은 '코워킹 스페이스Co-Working Space'이다. 서울, 뉴욕, 런던, 파리의 한 가운데에 가장 세련되고 비싼 지역의 도심 한가운데 사람들이 모여 독립적으로 자신의 일을 하면서 다른 사람들과 만나고 의견을 교류하는 공간이 늘어나고 있다. 얼마든지 자신만의 공간에서 일을 할 수 있는 조건에서도 사람들은 굳이 집을 나와 이곳에서 자발적으로 일하며 시간을 보낸다. 접촉이 의무가 아닌 선택 사항이 된 사회가 발달했음에도 오히려 사람들은 사회와의 접촉을 찾아 나선다. 가상 현실이 발달할수록 사람과 도시와의 스킨십은 더욱 중요해지고 있다.

만지고 싶은 도시

촉감의 힘

안이 보이지 않는 상자에 다양한 물체를 넣고 손으로 만져 무엇인지 알아맞히는 놀이가 있다. 도저히 무엇이 들어 있을지 모르는 그 상자 안에 손을 넣어 더듬으려는 순간은 너무나 긴장된다. 혹시라도 손에 물컹하고 축축한 것이라도 닿는다면 그보다 섬뜩한 경험은 없다. 순간 머릿속에는 쥐, 멍게, 걸레처럼 괴상한 물건들이 번뜩이며 지나간다. 하지만 막상 상자를 열어보는 순간 모든 상상력을 동원하게 만든 물건이 평범한 것이었음을 알게 되면 허한 웃음이 나온다. 이처럼 촉감은 후각이나 청각과는 달리 시각과 긴밀히 연결되어 있다. 눈을 감고 사물을 만질 때 경험과 상상력이 결합되기 때문이다.

건축가와 도시 계획가는 도시 환경을 만들 때 사람들이 촉감을 통해 도시에 생기를 부여할 수 있도록 고민한다. 이때 부드럽고 좋은 느낌을 주는 촉감 외의 낯선 촉각으로 신선한 감흥을 주기도 한다. 건축가는 비늘과 같은 다이아몬드 모양의 시트나 패널 조각을 벽에 타일처럼 붙이기도, 이끼류를 외벽에 부착하거나 철사를 칭칭 꼬아 유리 건물을 감싸기도 한다. 이러한 공간은 낯설고 독특한 촉감으로 도시를 참신하게 한다.

또는 재료의 형태를 변형하면 원래 재료의 속성과 다른 촉감을 준다. 매끄러운 유리에 굴곡을 주면 일반적인 유리 건물과는 촉감이 달라진다. 부드러운 천이 흘러내리는 것은 당연하지만 딱딱한 벽돌이나 시멘트벽이 흘러내린다는 것은 도저히 상상하기 어렵다. 건축가는 관념을 비틀어 흘러내리는 벽 모양으로 재질의 물성과 촉감과 형태를 새롭게 연출한다. 이처럼 눈에 보이는 것을 그대로 믿지 못하게 촉감을 잘 활용하면 도시는 생기 있고 창의적인 생활환경이 된다.

따뜻한 공간

건축에서 '따뜻한' 또는 '포근한' 공간이라는 표현을 종종 쓴다. 우리는 어떤 특성을 지닌 공간을 따뜻하다고 느낄까?

일반적으로 따뜻한 공간이란 사람이 친근함을 느끼는 공간이다. 핀란드의 건축가 알바 알토 Alvar Aalto는 스칸디나비아의 풍토성이 잘 느껴지는 건축 디자인으로 유명하다. 그는 자신이 사는 지역에서 쉽게 접할 수 있는 자연 재료를 디자인에 많이 사용했다. 그는 근대 건축의 정신이 온 세계를 휩쓸었던 20세기 초반에 작품 활동을 시작했는데, 당시 유행하던 근대 건축은 기능주의를 근간으로 한 엘리트적 성향이 강해 공업과 산업의 발달을 대표하는 철, 유리, 콘크리트와 같은 재료를 건축에 주로 사용했다. 당시에는 전 세계가 현대적인 생활 방식을 따라야 한다는 프로파간다적 성격을 지니고 있었다.

그러나 알바 알토는 모더니즘 정신을 따르지 않고 자신의 지역에 어울리는 건축 형태를 찾아 자연 재료로 그만의 디자인을 구현했다. 핀란드에서 가장 흔한 건축 재료인 침엽수나 벽돌로 전 세계적으로 유행하던 건축과는 반대로 자유로운 형태를 만들었다.

알토는 기능적인 디자인을 구현하는 것이 참된 건축가의 역할이라 생각했던 흐름과는 달리 빛이 중요한 핀란드에 어울리는 세로 창이나 둥근 형태의 건축을 추구했다. 무엇보다 목재를 이용해 물결 모양의 천장이 자유로운 곡선을 만들고 벽돌을 사용할 때도 줄눈을 살려 자연의 느낌이 그대로 전달되도록 했다.

따뜻한 건축이 있는 것처럼, 따뜻한 공간도 있다. 유럽의 아기자기한 광장이나 우리나라 전통 마을의 골목길은 따뜻하다. 사람들은 안온한 공간에서 포근함을 느낀다. 부채꼴 모양의 광장이 중심을 향해 약간 기울어진 이탈리아 시에나의 캄포 광장은 포근한 느낌을 주는 가장 대표적인 공간이다. 아기가 엄마 품에 안겨 체온을 통해 따뜻함을 느끼는 것처럼 낮은 건물로 둘러싸인 광장은 포근하다. 만일 이 공간이 높은 건물들로 둘러싸여 있거나 광장이 너무 넓다면 지금처럼 포근한 느낌은 주지 못할 것이다.

낮은 담장으로 둘러싸인 우리나라 전통 마을이나 처마가 이마에 닿을 듯한 집들이 다닥다닥 붙어 있는 익선동의 좁은 골목에서 따뜻함을 느끼는 것도 비슷하다. 이러한 공간들은 대부분 매끈하고 세련된 콘크리트나 철이 아닌 흙 담장이나 기와, 나무 대들보와 창틀로 이루어져 있다. 자연 재료는 우리에게 도시에서 따뜻한 느낌을 전해준다. 가공되지 않은 목재, 유럽의 시골 느낌이 나는 스투코*, 흙으로 구워 만든 벽돌은 손으로 쓰다듬고 싶은 친근함을 불러일으킨다.

알토가 구현한 공간은 자연의 촉감을 그대로 전달하는 재료들로 만들어져서 사람들은 그가 디자인한 공간을 좋아하고 즐겨 찾는다. 마음이 따뜻해지는 공간에 머물고 싶은 것은 오십 년 전 핀란드나 지금 우리가 생활하는 초현대 도시에서나 마찬가지이기 때문이다.

---

* 벽돌이나 목조 건축물 벽면에 바르는 미장 재료. 건물의 방화성과 내구성을 높일 뿐만 아니라 건물의 외관을 아름답게 한다.

알바 알토는 자연 재료의 촉감과 친근한
형태를 작품에 담아내고자 했다.

촉감으로 만드는 도시

파도 소리와 음악이 동시에 들리면 두 소리가 섞여 어느 것도 제대로 듣기 어렵다. 다른 향수를 같은 곳에 뿌려도 두 냄새가 섞여 이상한 냄새로 변한다. 하지만 촉감은 여러 감각을 동시에 충족할 때 만족감이 더 높다. 촉감은 조화를 이룰 때 더 풍요롭게 느껴지기 때문이다.

'Keep in touch'는 서로 연락하고 지낸다는 의미이다. 접촉을 의미하는 'Contact'는 영어와 불어에 같이 쓰이는데, 불어에서도 서로 연락하고 지내자고 말할 때도 'Contact'를 사용한다. 접촉은 단어의 의미처럼 관계와 교류를 상징한다.

패션에서 시대의 변화나 흐름이 느껴지는 것처럼 사회가 선호하는 촉감도 시대에 따라 변화한다. 한때 과학의 발전이 인류에게 새로운 행복을 줄 것이라고 생각했던 시대에는 매끄러운 촉감이 각광 받았다. 플라스틱, 스테인리스, 실리콘 같은 재료가 건물, 벤치, 공공 시설물로 쓰였다. 그러나 과학 발전에 대한 신뢰가 가라앉고 웰빙이 떠오르면서 사람들은 자연 재료를 다시 선호한다.

재료의 질감은 오래된 도시의 구석에 있는 무너진 벽, 홈이 파인 문, 깨진 유리 조각에서도 전달된다. 촉감과 연결된 이 자극은 도시가 지나온 시간을 말해준다. 19세기 말 서구에 대항해 결사항전을 했던 강화도 유적지의 포탄 흔적과 수 세기 동안 영국 해적과 프랑스가 전투를 벌였던 생 말로Saint Malo의 성벽은 역사의 순간을 알려준다. 비슷한 역사의 생채기를 거친 공간은 촉감이 비슷하다. 오래된 성당, 교회, 시청, 왕궁뿐 아니라 서민들이 살던 낡은 건물, 좁은 길에 남은 거칠고 움푹 팬 자국들은 도시의 긴 시간과 함께한다.

구멍이 숭숭 뚫린 제주도의 현무암과 그 돌을 쌓아 올려 만든 담에는 바람이 센 자연 특성을 활용한 사람들의 지혜가 담겨 있다. 우리나라 전통 건축물의 창호지는 날씨에 따라 팽팽해지거나 눅눅해진다. 바람이 부는 날에는 창호지가 심하게 진동하기도 한다. 장구나 북을 치는 사람도 장단을 두드리기 전에 날씨와 습도에 따라 달라지는 가죽의 팽팽함을 항상 그날에 맞게 찾아야 했다.

파리의 19세기 석조 건물은 같은 석회암이라도 아랫 부분에는 질감이 거친 돌을, 윗부분에는 매끈한 질감을 사용했다. 같은 재질이지만 촉감에 따라 다르게 느껴지기 때문이다. 얼마 전 서울 용산구에 새로 등장한 아모레 퍼시픽 사옥은 정육면체의 매우 육중한 매스 형태이다. 그러나 건물 전체에 대나무살처럼 생긴 얇은 흰색 금속 루버를 세로로 설치해 거대한 매스감을 없애 가볍고 산뜻한 느낌이 전해지도록 했다. 촉감은 이처럼 형태가 같아도 그와는 별개로 다른 재료로 새로운 느낌을 주어 도시 환경에 매우 중요한 영향을 미친다.

도시를 가득 메운 건축물은 뽀드득거리는 눈, 따가운 여름 소나기, 부드럽고 간지러운 가을 갈대, 거친 소나무 등걸과 같은 자연의 촉감과 어울릴 때 풍요로워진다. 몇 백 년 전 조선의 어의는 명주실 끝으로 전해지는 진맥을 통해 병중을 헤아리고 진찰했다. 촉감은 섬세하고 정확하게 사물의 본질을 전달한다. 건물에 가까이 다가갔을 때 우리가 친밀감을 느끼는 것은 촉감을 통해서이다. 오래 머무르고 싶은 따뜻한 공간은 사람의 촉감이 주는 섬세함에서 시작된다.

1911년에 건축된 섬유 공장을 활용해 예술 센터로 사용하고 있는 바르셀로나 카이사 포럼의 오래된 붉은 벽돌은 따뜻한 촉감을 전한다.

IV

도시의 맛을 느끼다

Taste of City

훌륭한 요리는 서로 다른 재료가 만나
조화롭게 어울리는 것처럼 도시도 다른 여러 문화가 만나
어우러지면서 새롭게 나타난다.

소금으로 만든 도시

땅속의 도시

오래전부터 소금은 중요하고 귀한 물질이었다. 성경에는 '너희들은 세상의 빛과 소금이 되어라'라는 구절이 있다. 세상에서 가장 필요한 사람을 빛과 소금으로 빗대어 표현한 것이다.

소금을 얻는 방법에는 약 3.5퍼센트의 염분이 녹아 있는 바닷물에서 수분을 날려버리고 채취하는 방법과 소금으로 된 지층을 채취해 불순물을 제거하고 소금으로 사용하는 두 가지 방법이 있다. 그중 암염을 채취하는 것은 바닷물을 통해 얻는 소금보다 순도가 훨씬 높다. 중국에서는 기원전 육천여 년부터 호숫가에서 소금을 채취했고, 유럽의 발칸 반도에서는 기원전 오천사백여 년부터 소금 광산에서 소금을 채취했다.

소금 광산은 땅속에서 암염을 캐고 소금을 채취하는 곳이다. 19세기 후반 다이너마이트를 발명하기 이전까지는 사람이 직접 소금을 캤다. 소금은 음식 저장이나 식용 외에도 세금 징수나 군인 급여로 지급되었다. 소금 생산은 매우 중요한 일이어서 소금을 채취하는 곳에 권력을 지닌 영주의 성이 생기거나 도시가 발달했다. 영어 단어로 급여를 뜻하는 'Salary'는 소금을 뜻하는 라틴어 'Salarum'에서 유래했고, 로마 군인들은 과거에 급여로 소금을 받았다. 그만큼 부와 힘을 상징하는 소금은 역사적으로 도시 번영에 중요한 의미를 지녔다.

소금은 땅속으로 지하 갱도를 파서 얻는다. 불가리아, 오스트리아, 콜롬비아, 파키스탄, 미국 등 다양한 나라에 소금 광산이 있다. 그중 가장 유명한 곳은 1978년 유네스코 문화유산으로 지정된 비엘리치카Wieliczka 소금 광산이다. 현재 폴란드의 수도는 바르샤바Warszawa지만 1596년까지 폴란드의 수도는 크라쿠프Kraków였다. 7세기부터 예술적, 학문적, 경제적으로 매우 번성하여 아름다운 유럽의 모습을 간직한 이 도시 인근에 거대한 비엘리치카 소금 광산이 있다.

비엘리치카 소금 광산에서는 14세기부터 오늘과 같은 모습으로 소금을 채취하기 시작해 2007년까지 소금 생산 작업을 계속했다. 14세기 후반과 15세기 초반에는 소금 채취를 관장하는 성까지 세워졌다. 14세기에는 카시미르 3세*가 채취한 소금에 대한 광부들의 권리를 인정했다고 하니, 당시 폴란드의 사회와 경제가 상당히 발달했음을 알 수 있다. 비엘리치카 소금 광산은 땅속으로 327미터까지 도달하고, 소금을 채취하는 갱도의 길이는

• Kazimierz III, 1310.4.30.~1370.11.5. 피아스트 왕조(1333년~1370년)의 마지막 폴란드 왕.

287킬로미터를 넘어간다. 파리 에펠탑의 높이가 324미터이니 에 펠탑이 거꾸로 뒤집혀 땅 밑으로 솟은 만큼 깊고, 서울에서 대구 까지 고속도로를 타고 자동차로 서너 시간 동안 달리는 만큼의 길이가 땅속에 뻗어 있다는 얘기이다.

칠백 년이 넘는 동안 소금을 생산한 이 소금 광산은 19세기에 광부의 수가 1,500명에 이를 정도로 많은 사람들이 일했다. 수백 년간 소금을 캐다 보니 더 많은 소금을 캐기 위해 깊은 땅속으로 들어가야 했지만 당시에는 계단이 없어 밧줄을 타고 지상으로 내려가고 올라왔다. 때문에 광부들은 한번 갱도로 들어가면 깊은 땅속에서 며칠씩 머물렀다. 광부들이 광산 밖으로 올라오지 못하 고 땅속에서 생활하자 이곳에 지상의 생활을 그대로 닮은 다양 한 공간들이 생겼다.

비엘리치카 소금 광산은 도시의 축소판이나 마찬가지다. 일하 는 곳, 쉬는 곳, 기도하는 곳, 식사하는 곳, 여가를 즐기는 곳은 물 론 동물을 위한 곳까지 있었다. 채굴된 소금을 말이 돌리는 디딜 방아*와 우물을 사용해 지상으로 끌어올리기 위해 어린 말을 지하 로 데려와 키우며 함께 살았기 때문이다. 땅속에 며칠씩 머물러야 하는 광부들에게 깊은 지하는 단순히 어두운 세계가 아닌 갱도가 무너질 수도 있다는 공포와 안전하게 집에 돌아가고픈 절실한 염 원이 담긴 곳이었다. 그래서 땅속에 머무는 광부들은 소금 채굴이 끝난 빈 갱도에 그들이 필요한 공간을 하나씩 만든 것이다.

---

* 발로 디디어 곡식을 찧거나 빻게 된 방아.

빛과 희망의 공간

소금을 캐기 위한 광부들의 일은 다양한 역할로 구분된다. 암염을 캐는 사람, 암염을 수레에 실어 운반하는 사람, 암염을 소금으로 가는 사람, 갱도를 만들고 소금 운반을 위한 레일을 설치하는 목수 등 광부의 역할은 세부적이고 전문적이었다. 그 외에도 작업을 감독하는 사람, 식사를 담당하는 사람 등 소금 채취와는 직접적으로 관련이 없는 사람도 있었다. 땅속이지만 구성원의 역할이 다양한 작은 사회의 모습이 그대로 보인다.

이들이 사는 공간도 마찬가지였다. 수백 년의 시간이 흐를수록 소금 광산은 땅속으로 더욱 깊게 퍼져 나갔고, 광부들은 이를 활용해 지하에서도 생활에 필요한 다양한 공간을 만들었다. 갱도 곳곳에는 지하 세계에서 건강을 유지하기 위한 운동장, 치료와 회복을 위한 방, 믿음을 굳건히 하여 마음의 안식을 찾을 수 있는 예배당, 누군가가 다녀간 것을 기념하는 방도 있었다. 소금 채굴이 끝난 갱도를 활용한 수백 개의 방은 각각 쓰임이 달랐다. 동료와 함께 생활하는 광부가 만든 공간에는 험난한 생활 속에서 서로 용기를 북돋우려는 따뜻한 배려가, 섬세하고 아름다운 장식과 공간에서는 미에 대한 추구가 엿보인다.

그중 가족에게 돌아가고 싶은 바람으로 마음의 안정을 찾는 예배당은 가장 중요한 공간이었다. 이곳은 광부들이 일하는 공간, 우물가, 불행한 사고가 일어난 장소에 성인을 기리기 위해 만

윌렘 혼디우스(Willem Hondius),
〈비엘리치카 소금 광산〉, 1645. 광부들이
줄을 타고 내려가는 모습, 말을 운반하는
모습, 갱도를 만들고 소금을 캐는 모습 등
다양한 모습이 그려져 있다.

들어졌다. 가장 오래된 예배당은 1690년에서 1710년에 만들어져 1698년에 처음으로 미사가 열린 성 안드레Saint Andrea 예배당이다. 초기에 만들어진 예배당이라 이후에 지어진 예배당보다는 지면에 가까운 약 64미터 깊이에 위치했다. 바로크 스타일의 아치와 기둥으로 장식된 이 예배당의 중심에는 예수와 마리아상이 있다. 또한 아름답게 장식된 제단과 안드레 성인의 상도 볼 수 있다. 이 공간이 만들어진 것이 약 삼백 이십여 년 전이니 이즈음부터 광부들은 예배당에 모여 깊은 땅속에서 신앙심을 굳건히 하며 마음의 안식처를 찾았을 것이다.

이 땅속의 수많은 공간 중 가장 사람들을 감동시키는 공간은 성 킹가 예배당Chapel of St. Kinga이다. 킹가는 13세기 헝가리의 공주로 폴란드의 왕 볼레스와프 5세와 결혼하면서 지참금으로 소금 광산을 가져왔다는 전설이 있다. 킹가 공주는 지금도 광부와 도시를 지켜주는 수호성인으로 여겨진다. 1896년에 지하 101미터에 만들어져 깊이 54미터, 폭 18미터를 자랑하는 이곳은 세계에서 가장 큰 지하 예배당으로, 높이는 4층 건물과 비슷한 12미터에 달한다.[1]

70년이라는 긴 시간동안 만들어진 이 공간은 십자상이 있는 정면 제단과 넓은 홀, 벽면마다 보이는 성인들의 부조와 조각상, 그리고 수많은 장식으로 화려함과 성스러움을 동시에 자아낸다. 천장에는 지하 세계라는 것을 잊게 하는 아름다운 샹들리에가 빛을 밝히는데, 이 또한 소금 결정으로 만들었다. 벽면에는 레오나르도 다빈치의 최후의 만찬을 비롯한 다양한 성상과 부조들이 있다. 작품의 섬세함에 크게 감동하고, 이 모든 것을 소금으로 만들었다는 것을 들으면 다시 한번 감탄하게 된다.[2]

킹가 예배당은 발걸음을 내딛는 순간 지하라는 것이 믿기지 않을 정도로 웅장하고 아름답다. 지금도 400명 정도의 사람이 들어갈 수 있어 매주 일요일과 크리스마스에는 미사가, 때때로는 결혼식, 음악회, 연회가 열린다.

콜롬비아 보고타에도 거대한 소금 성당이 있다. 이 장소들은 화석처럼 굳어 버린 역사 속 공간이 아니라 지금도 살아 있는 공간이다. 그곳이 땅속이든 눈 덮인 히말라야산맥의 절벽 위든 크게 다르지 않다. 힘든 노동 환경 속에서도 사람들은 마음의 위로가 되는 아름다운 공간을 만들고자 했다. 오히려 노동 환경이 힘들었기 때문에 아름다움에 대한 추구가 더욱 빛을 발했을지도 모른다.

성서에서는 빛과 소금이 되라고 했지만, 비엘리치카의 땅속 도시에서는 소금이 곧 빛이다. 소금은 빛이 되어 지하 도시를 밝혔고, 힘든 노동 공간에 아름다움과 성스러움을 부여했다. 그리고 광부의 마음속에도 밝은 희망의 빛이 밝혀졌다.

비엘리치카 소금 광산의 광부들은 채굴이
끝난 갱도에 가족이 있는 지상으로 무사히
돌아가고 싶은 간절한 바람으로 성스러운
예배당을 만들었다.

콜롬비아 시파키라 소금 성당에는 소금을
캐던 당시 노동자들의 안위에 대한 염원이
녹아 있다.

토머스 모어의 소설 『유토피아Utopia』는 '이 세상에 존재하지 않는 곳'을 뜻한다. 'Ou'는 영어로 'Not'에 해당하는 부정을, 'Topos'는 장소를, 'Ia'는 지명을 나타낸다. 글자 그대로의 뜻을 따르면 유토피아는 아무 곳에도 존재하지 않는 이상향이라는 의미이다. 모어가 1516년에 라틴어로 발표한 이 소설에는 다른 곳과는 분리된 54개의 도시로 이뤄진 섬이 나온다. 각 도시의 규모는 육천 가구를 넘지 않으며 사유 재산을 지니지 않는다. 하지만 사람들은 필요한 물건을 창고에서 가져가고, 일하면서 여유 있게 여가를 즐긴다.

집에는 자물쇠가 없으며 십 년마다 모든 시민들의 집이 교환된다. 모든 시민은 농촌에 살면서 농사짓는 법을 배워 격년마다 농사를 지어야 한다. 이곳에서는 성별에 상관없이 모두가 같은 일을 한다. 이는 한 사람의 노동 시간을 줄이고 모든 사람이 평등하게 일하면 생산량이 늘어 풍족하게 살 수 있다는 의도를 담는다. 이 책은 도시에서 왕을 뽑고, 군사를 두어 나라를 지키고, 죄를 벌하는 방식 등을 자세하게 묘사한다. 이상 도시는 평등한 사회를 그리고 있지만, 한 가정마다 두 명의 노예를 두어 인구가 많아질 경우 식민지를 두는 등 오늘날과는 다른 사고방식을 보여준다.

토머스 모어의 이상 도시는 이후 많은 철학가와 사상가들에게 큰 영향을 주었다. 18세기 말 프랑스 왕 루이 15세는 제정을 부유하게 하기 위해 당시 가치가 매우 높았던 소금을 캐서 왕실 제염소를 만들라고 명령했다. 이 제염소는 당시 왕실의 신임을 받던 클로드 니콜라 르두Claude-Nicolas Ledoux가 계획을 책임져 암염이 풍부한 프랑스의 아르케스낭Arc-et-Senans에 세워졌다. 당시는 기존 사회의 질서를 벗어나 사회를 개혁하려는 계몽주의가 유럽 전체에 영향을 미치던 시대였다. 건축가이자 도시계획 학자였던 르두는 제염소 계획에 계몽주의 정신을 반영하여 기존에 없던 새로운 도시 형태를 구상했다.

르두는 아르케스낭 제염소에서 소금 채굴이라는 경제 행위를 기반으로 이상주의 도시의 모델을 제시했다. 최초의 계획인은 정사각형 구조였지만 제염소라는 산업적인 기능에 맞지 않게 호화로운 귀족의 저택이나 성직자의 공간과 닮았다는 이유로 루이 15세에게 거절당했다. 그러나 르두는 다시 원형 구조의 계획안을 제시해 결국 1775년부터 1779년까지 계획안 일부에 해당하는 제염소를 지었다.

아르케스낭 제염소는 지름이 370미터인 원형 구조로 만들어졌는데, 어느 방향에서 봐도 거리가 균등한 원형은 평등함을 상징했기 때문에 고대부터 완벽한 구조로 여겨졌다. 제염소 중앙에는 감독관이 거주하는 곳과 신고딕양식의 예배당이, 양쪽에는 작업을 위한 아틀리에가 있다. 이렇게 연결된 직선 축은 원을 향해 뻗어 나간다. 반원 모양의 호와 직선이 만나는 곳에는 세금 징수를 위한 작은 건물이 양측에 별도로 자리한다. 반원형으로 단지를 둘러싸는 건물은 노동자들의 숙소이다. 제염소의 출입구 역할을 하는 건물은 감독관이 사는 건물의 중앙 축선에 맞춰 위치한다.

아르케스낭 제염소는 노동자 주거지의 바깥쪽에 정원을 두었다. 이는 200년 후에 제시되는 에버니저 하워드°의 전원도시와 유사하다. 원형 구조는 감시가 용이하도록 노동자 주택들 한가운데에 감독관의 집을 두어 완전한 평등을 구현하고 있지는 않다. 하지만 당시 노동자들의 열악한 거주 환경을 생각하면 아르케스낭 제염소는 평등을 위한 이상주의를 담은 계획이었다. 당시 루이 15세는 144개의 도릭 기둥이 그려진 최초 계획안을 보고 '노동자들이 일하는 공장에 궁전이나 신전에 적합한 기둥이 너무 많다'고 지적했다. 이에 르두는 '생산적인 공장의 환경을 위해서는 노동자들에게 적절한 편의 시설이 필요하다'고 대답했다.

모어가 그린 유토피아의 이상 도시는 르두의 제염소를 통해 현실화되었다. 산업혁명 시대가 본격화되면서 많은 노동자들이 비참한 삶을 살았다. 푸리에나 오언과 같은 철학자, 사회주의자, 박애주의자들은 노동자의 생활에 대해 고민하며 해결책을 제시하려 노력했다. 이들의 고민은 19세기 말 프랑스의 노동자 주거와 영국의 전원도시로 연결됐는데, 이 시초가 르두의 제염소였다.

• Ebenezer Howard, 1850. 1. 29~1928. 5. 1. 영국의 도시계획학자로, 현대 도시 계획의 선조라고 불린다.

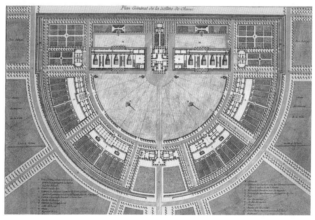

르두의 제염소 조감도는 원형 구조로
계획되어 평등의 이념을 담은 이상주의
도시를 형상화했다.

소금은 고대부터 인간이 삶에 없어시는 안 될 가상 숭요한 물
자였다. 무거운 소금을 안전하게 실어 나르기 위한 소금 길, 조세
제도, 교역이 발달했다. 아름다운 오스트리아의 도시 잘츠부르크
는 글자 그대로 '소금 성'을 의미한다. 그만큼 귀하고 부를 상징했
던 소금은 믿음이나 힘을 상징하는 성당이나 중세 영주의 성에
사용되었다. 소금이 있는 곳에 부가 있었고 도시가 번영했다. 그
리고 여기서 이상주의 사회와 도시의 꿈이 피어났다.

설탕으로 발전한 도시

동화나라의 뒷면

그림형제의 동화 『헨젤과 그레텔Hansel and Gretel』에 나오는 과자로 만든 집은 아이들을 집안으로 끌어들이기 위한 마녀의 집이다. 산속에서 길을 잃고 굶주린 아이들은 과자 집을 정신없이 뜯어 먹다가 그 대가로 마녀에게 잡힌다.

단맛은 주로 설탕을 통해 얻는다. 설탕을 사탕수수를 이용해 대규모로 재배하기 전까지 단맛은 꿀에서 얻는 귀한 것이어서 상류층만 맛볼 수 있었다. 그러나 십자군 전쟁 이후 15세기에 포르투갈이 사탕수수를 재배하자 아랍인이 즐기던 단맛을 유럽인도 더 쉽게 접하게 되었다. 이후 플랜테이션과 무역의 확대로 많은 설탕을 생산하면서 모든 계층이 단맛을 쉽게 맛볼 수 있는 길이 열렸다.

설탕으로 접하는 단맛은 주로 사탕수수에서 추출한다. 이를 위해서는 면적이 넓은 농장에서 사탕수수를 재배해야 한다. 설탕을 얻으려면 4~6미터나 되는 사탕수수를 수확하고 자른 뒤 큰 솥에 넣고 끓여 설탕을 추출하고, 땔감인 나무도 베야 한다. 이를 위해서는 값싼 노동력이 필요했는데, 포르투갈인은 노동력이 쌌던 흑인 노예들에게 눈을 돌렸다.

처음에는 지중해에서 사탕수수를 재배했던 유럽인은 16세기에 사탕수수 재배에 더욱 적합한 열대와 아열대 기후를 찾아 남미에 사탕수수 농장을 만들었다. 그리고 아프리카에서 농장의 인력으로 쓸 흑인 노예들을 사와 사탕수수를 재배하는 플랜테이션에 팔고 그 돈으로 설탕과 면화를 사서 유럽에 다시 판매했다.

하지만 남미의 플랜테이션 확대는 아프리카에 재앙을 가져왔다. 설탕을 재배하기 위해 2천만 명이 넘는 흑인 노예들이 끌려갔고, 그중 절반이 하루에 20시간이 넘는 힘겨운 노동 때문에 3년안에 죽었다.[3] 사탕수수 재배를 위해 팔려간 흑인 노예들은 '센잘라'라는 막사 모양 건물에 거주했다. 감시가 용이하도록 농장주가 사는 저택과 가까운 곳에 위치했던 센잘라 내부에는 칸막이가 설치되어 있다. 여자와 남자가 분리됐고, 자식이 있는 노예들은 센잘라를 따로 이용하기도 했다. 밤에는 자물쇠를 채워 노예가 도망가지 못하도록 방지하기도 했다.

그중 아프리카의 토속적인 주거 형태를 따와 진흙과 짚으로 만든 오두막 형태의 센잘라도 있었다. 이곳에서는 취사가 허용돼 개인적인 생활이 가능했다. 하지만 가구는 거의 없고 멍석으로

01
02

01
요한 모리츠 루겐다스(Johann Moritz
Rugendas), 〈브라질로 팔려 간 노예들〉,
1830.

02
사탕수수 농장의 노예들이 생활하던 브라질
센잘라.

만든 침대만 있어서 주거 환경이 매우 열악했다.[4] 이름은 주거지지만 실제로는 감옥과 다를 것이 없었던 고된 노동 환경은 설탕 소비량만큼 빠르게 남미에 퍼져 나갔다.

런던의 우아한 티타임

설탕을 만드는 흑인 노예의 삶은 열악했지만, 설탕을 소비하는 사람들의 생활은 어땠을까? 영국에는 잼을 바른 빵을 먹으며 차를 마시는 문화가 있다. 그래서인지 런던의 카페에는 테이블마다 잼이 든 볼록한 유리병이 두어 개씩 놓여 있고, 흔히 잼을 발라 먹기 위한 스콘이나 토스트를 판다.

영국의 티타임에는 애프터눈 티, 이브닝 티, 크림 티 등 표현이 다양하다. 19세기 중반에 귀족과 상류층이 손님을 접대하면서 발달한 티타임은 19세기 말 이후 도시 중산층이나 노동자 계급도 즐기는 문화였다.

영국의 우아한 티타임 문화 뒤에는 도시 노동자들의 가난했던 생활이 있다. 런던은 세계에서 가장 먼저 산업 혁명이 일어나 18, 19세기에 공장이 빠르게 확산되었다. 아프리카 노예 무역의 가장 큰 원인이었던 설탕의 대량 생산은 귀족에게만 허락되었던 단맛을 노동자도 즐길 수 있게 했다. 다만 노동자들이 접한 단맛은 즐거움을 주는 기호 식품이 아니라 필요한 열량을 공급하는 식량 대용이었다.

당시 런던에는 수많은 공장이 들어섰고, 일자리가 필요했던 반면에 노동자들은 도시로 몰려들었다. 도시에 살던 상류층은 공장이 많아져 도시가 비좁아지자 넓고 공기가 맑은 도시 외곽으로 이주했다. 노동자들은 공장이 빼곡히 들어선 도시의 좁은 건물에서 거주했다.

이렇게 열악한 환경에서 거주하는 노동자 가정에 식량이 부족한 것은 당연한 일이었다. 당시에는 가족의 생계를 책임지는 가장이 귀한 고기를 먹었기 때문에 여자와 아이들은 항상 배고픔에 시달렸다. 그런데 설탕을 대량으로 생산하자 필요한 에너지를 쉽게 얻을 수 있었다. 노동자 가족은 뜨거운 홍차에 설탕을 잔뜩 넣어 빵 한 조각과 함께 식사를 간단히 해결할 수 있게 되었다.

또한 이즈음 대도시에 공장이 확산되자 여성도 공장에서 일을 하기 시작했다. 설탕은 여성이 식사 준비에 쏟는 시간을 줄이는 데도 기여했다. 설탕을 넣은 잼이나 푸딩이 있으면 빵 한 조각만으로도 식사 준비가 가능했기 때문이다. 여성은 설탕을 활용해 가사 노동 시간을 줄여 공장에서 일을 하면서도 가족의 식사를 손쉽게 챙겼다. 공장에서도 생산량을 늘리기 위해 설탕을 잔뜩 넣은 고열량의 식사를 제공해 효율적으로 인력을 사용했다.

이렇게 런던의 노동자는 설탕으로 배고픔을 달래면서 힘든 도시 생활을 버텼다. 사실 런던의 나이트 티는 밤에 휴식을 위해 우아하게 마시는 차가 아니라 홍차에 설탕을 넣어 버터를 바른 빵 한 조각으로 효율적으로 저녁 식사를 끝내려는 데서 유래했다. 런던 외곽에는 붉은 벽돌로 만들어진 건물들이 빽빽이 모여 있는 지역이 있다. 그곳에 거주하던 대도시의 노동자 가정에서는 대부분 설탕을 활용한 식사를 했을 것이다. 19세기 말 영국 사람들이 섭취한 열량 중 14퍼센트가 설탕이라 하니 당시 노동자들의 생활상을 짐작할 수 있다.[5]

하지만 설탕으로 굶주림을 달랬던 노동자의 열악한 생활은 도시 환경의 개선이 필요하다는 반향을 불러일으켰다. 1898년 에버니저 하워드는 도시와 시골의 장점을 합친 전원도시계획을 발표한다.[*] 그는 열악했던 도시 환경을 개선하기 위해 철도로 연결되는 교외를 새로운 도시로 개발해 노동자 계층도 맑은 공기와 햇볕을 느끼며 생활할 수 있는 계획안을 구상했다.

하워드의 전원도시계획안은 인구가 3만 2천명인 원형 구조이다. 1,000에이커4.05제곱킬로미터의 도시와 5,000에이커20.23제곱킬로미터의 배후 농업 지역을 지닌 이곳은 철도를 통해 다른 도시와 연결된다. 각 집은 나란히 늘어서 있고, 주거지 바깥쪽에는 잼 공장, 가구 공장 같은 다양한 공업 시설을, 도시 중심에는 시청, 미술관, 도서관, 공원 같은 편의 시설을 배치했다. 집은 수십 년 동안 임대되고, 도시 개발 비용을 회수할 수 있도록 재정적인 측면까지 검토하여 실현 가능한 계획안을 제시했다. 이후 전원도시계획의

• 하워드는 1898년에 출판한 『내일을 향해 - 진정한 개혁을 위한 평화로운 길 (To-morrow - A Peaceful Path to Real Reform)』을 1902년에 『내일의 전원도시(Garden Cities of To-Morrow)』라는 제목으로 재출간했다.

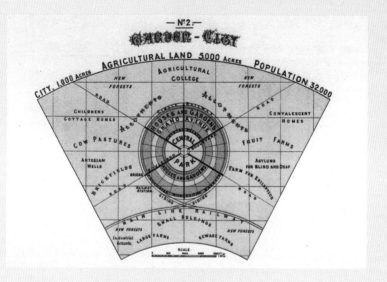

열악한 환경에 거주하는 대도시의
노동자에게 쾌적한 주거 환경을 제공하려
했던 하워드의 전원도시계획.

꿈은 1910년대와 1920년대에 레치워스Letchworth와 웰윈Welwyn에서 실현하여 영국 도시계획에 중요한 모델이 되었다.

르두가 제염소를 통해 이상주의 도시계획의 꿈을 펼친 것처럼, 하워드의 전원도시는 런던 노동자들의 열악한 생활을 개선하려는 도시계획이었다. 하지만 빛이 강하면 그림자도 진한 것처럼 산업 혁명으로 눈부시게 발전한 도시와 설탕의 단맛 뒤에는 흑인 노예의 비참한 생활과 죽음, 플랜테이션으로 인한 열대 우림의 파괴, 설탕에 의존해 열량을 채워야 했던 도시 노동자의 고통받는 삶이 있었다.

새로운 주인공

단맛은 즐거운 일이나 장소에 관한 추억과 연결된다. 놀이공원, 운동회, 졸업식처럼 특별한 날 학교 앞에는 어김없이 솜사탕이 있었고, 크리스마스에는 빨간 지팡이 사탕이 크리스마스트리에 걸려 있었다.

예전에는 사탕이나 초콜릿을 사려면 슈퍼마켓에 가야 했지만, 요즘에는 단맛만을 위해 만들어진 공간이 점점 많아지고 있다. 초콜릿 전문점, 케이크 가게, 아이스크림 가게에서 시작해 최근에는 마카롱이나 타르트를 주로 파는 서양 디저트 전문점도 인기를 끈다. 이는 촉촉한 단맛, 끈적끈적한 단맛, 바삭한 단맛, 차가운 단맛처럼 단맛이 점점 다양해지고 있음을 말한다. 이러한 장소는 주로 젊은 사람들이 많고 유행에 민감한 대학가나 새로 뜨는 동네를 중심으로 생겨난다.

빵과 과자가 다른 것처럼 베이커리Bakery와 파티스리Pâtisserie도 다르다. 빵집은 영어로는 베이커리, 불어로는 불랑즈리Boulangerie 이다. 1980년대까지 우리나라에서는 주로 고려당, 성심당처럼 집 당當자가 붙는 이름의 빵집이 많았다. 이곳에서는 케이크나 비스킷도 팔았지만 그래도 빵이 우선 메뉴였다. 그러나 해외여행 이 보편화되고 파티쉐라는 전문적인 직업이 주목 받기 시작하면 서 빵보다 달콤하고 고급스러운 파티스리가 크게 인기를 끌었다.

빵은 서양에서 밥을 대신하는 식사지만, 파티스리는 타르트나 파이, 케이크 같은 디저트이다. 우리나라에서는 아파트 단지 근 처 어디서나 빵집을 쉽게 찾을 수 있다. 하지만 파티스리는 새로 운 문화에 민감한 지역에 많다. 파이나 타르트 외에도 수제 초콜 릿 가게나 케이크 전문점, 마카롱 가게처럼 특화된 단맛을 파는 장소도 급속하게 늘어났다.

젊은 사람이 많은 곳에는 디저트 카페도 생겨났다. 17세기부 터 많은 이야기와 역사적 사건의 중심이었던 카페는 이제 디저 트가 주인공인 장소가 됐다. 십여 년 전 인기를 끌던 가로수길에 이어 매력적인 장소로 주목 받는 경리단길, 해방촌길, 우사단길 에는 마카롱, 타르트, 추로스를 맛볼 수 있는 아기자기한 디저트

카페가 많다. 자연스레 형성된 최신 유행의 달콤함은 오랜 시간
이 간직된 골목길에 잘 배어 있다. 이러한 골목길에서 사람들은
정형화된 도시 공간의 획일적인 맛에서 벗어나 신선한 단맛을
찾는다.

마카롱 지도

새로운 문화의 아이콘처럼 퍼져 나갔던 스타벅스는 최근 들어
확산 속도가 주춤해졌다. 대신 몇 년 전부터는 벨기에의 고디바
초콜릿이나 이탈리아 젤라또를 맛볼 수 있는 아모리노가 소득
수준이 높은 대도시에 등장해 퍼져나가고 있다. 이제 중세의 모
습을 간직한 브뤼허Brugge의 좁고 구불구불한 골목을 걷거나 로마
스페인 광장을 둘러보지 않아도 우리나라에서 유럽의 초콜릿과
젤라또를 맛볼 수 있게 되었다.

　21세기의 시작은 부정할 수 없는 스타벅스 시대이다. 글로벌
도시의 중심지에는 어느 곳에나 스타벅스가 있었다. 스타벅스는
교육 수준이 높은 20세에서 45세 사이의 젊은 전문직을 핵심 고
객으로 정해 이들을 대상으로 매장을 열었다. 새로운 문화에 개
방성이 강한 이 집단을 중심으로 한 지역에 집중적으로 점포를
열어 확실하게 인지도를 구축한 스타벅스는 공간과 계층을 세밀
하게 분석한 마케팅 전략이 성공을 거두면서 급속하게 세계로

퍼져 나갔다.

세계를 평정한 스타벅스의 카페라테 톨 사이즈 한 잔은 도시의 구매 지수를 비교하는 척도로 사용되고 있다. 이전에는 맥도날드를 대표하는 빅맥이 세계의 구매 지수를 비교하는 척도였다. 빅맥 지수가 스타벅스 지수로 바뀐 것은 세계의 모든 대도시에 스타벅스가 있다는 것, 햄버거보다 커피가 보편적으로 소비되기 시작했다는 것을 의미한다. 하지만 예전처럼 스타벅스 매장 수가 증가하지 않는 것을 보면, 스타벅스 지수도 영원하지는 않을 것이다. 그렇다면 다음은 어떤 것이 도시의 구매 지수를 대표하게 될까?

최근 서울에는 마카롱 지도가 나타났다. 서울 지하철 노선에 각 정류장마다 마카롱 가게 이름을 표시한 이 지도는 '대동마카롱여지도'라고 불릴 정도로 반응이 매우 뜨겁다. 사람들이 이 지도를 따라 새로운 마카롱을 맛보기 위해 떠날만큼 단맛을 간절하게 원하고 찾는다는 이야기다. 그렇다면 스타벅스 지수 다음으로는 마카롱 지수가 등장하지 않을까? 마카롱 가게가 있는 지역을 '마세권'이라고도 부르니 마카롱 지수는 가능성 없는 말이 아닐 것이다. 빅맥 지수는 배를 채우는 음식이지만, 스타벅스 지수는 전문직이 마시는 고급스러운 커피이다. 구매 지수는 사람들의 소비 유행을 반영한다. 그렇다면 마카롱으로 구매 지수가 변화된다면 이는 무엇을 충족시키기 위한 것일까?

서양에서는 부활절이면 토끼나 달걀 모양의 초콜릿을 집안이나 정원에 숨겨놓고 아이들이 찾게 한다. 밸런타인데이에도 연인들은 초콜릿을 주고받는다. 단맛은 기쁨과 설렘을 가져다주기도 한다. 아침부터 밤까지 정신없이 바쁜 생활 속에서 단맛은 고된 일상을 위로한다. 오늘날 도시는 단맛을 찾는 사람들이 많아져 마카롱 지도가 필요한 시대가 되었다.

건강에 대한 관심이 급증하는 요즘, 단맛을 파는 디저트 가게가 많아지는 것은 다소 아이러니하다. 사실 초콜릿은 과거 아즈텍Aztecs에서 마시던 시고 씁쓰름한 음료였다. 하지만 지금의 초콜릿은 달콤함의 대명사다. 건강한 생활을 중시하는 현대 도시에서 단맛을 파는 공간은 필수적인 장소이다. 단맛은 어쩌면 바쁜 도시 생활에서 현대인에게 작은 기쁨을 주는 위로가 아닐까?

파리 플라스 방돔 근처의 마카롱 가게.
하나당 삼천 원 정도의 고가이지만 우리는
이 단맛을 포기하지 못한다.

맛있는 도시

맛과 도시

냄새를 맡거나, 촉감을 느끼거나, 소리를 듣기 위해 다른 도시로 여행을 떠나는 일은 직업적인 경우나 엄청난 음악 애호가를 제외하고는 드물다. 하지만 맛은 다르다. 맛은 여행의 목적이자 가장 큰 즐거움이다. 새로운 도시로 여행을 떠날 때 항공권과 숙소를 예약한 후 가장 먼저 찾아보는 것은 어떤 음식점에 가서 새로운 음식을 맛볼까이다. 낯선 도시에서 맛은 도시에 대한 기억을 근사하게 채색하기도 한다.

미슐랭 가이드는 여행 가이드 중 가장 정평이 높은 책이다. 여행 책자는 유행을 타서 인기를 잠깐 끌다 잊히는 일이 잦지만 미슐랭 가이드는 여행의 바이블이다. 미슐랭은 1889년에 세워진 자동차 타이어를 만드는 프랑스 회사이다. 미슐랭이 세워진 19세기 무렵에는 프랑스에 자동차가 몇천 대뿐이었다. 당시 프랑스의 자동차 산업 시장은 초기 개척 상태였다.

미슐랭의 초기 표지와 홍보 포스터. 창업자
앙드레 미슐랭(André Michelin)은 "이 책은
20세기의 시작과 함께 태어났으며 20세기가
지속되는 한 남아 있을 것입니다."라고 말했다.

미슐랭 형제는 사람들이 자동차를 더 많이 이용하도록 자동차와 관련한 무료 가이드를 만들었다. 초기에는 가이드에 지도, 자동차 정비소, 타이어 교환소, 호텔, 주유소 같은 정보를 넣었다. 그러나 1차 세계 대전이 끝난 이후 유료로 가이드를 전환하면서 호텔과 식당을 카테고리로 따로 나눠 광고를 없애 가이드의 성격을 바꾸었다. 그중 식당 카테고리가 많은 사람들에게 사랑 받자 음식을 평가하는 팀을 고용해 전문적으로 식당을 평가하기 시작했다. 1930년대부터는 식당에 별을 부여하는 방식을 도입해 현재의 가이드 체계를 갖추었다.

미슐랭 가이드의 별은 세 단계로 나뉘는데, 별이 세 개인 식당은 '음식이 탁월한, 여행할 가치가 있는Exceptional cuisine, worth a special journey' 곳이다. 그 식당의 음식을 맛보기 위해 특별한 여행을 떠날 가치가 있다는 것이다. 미슐랭 가이드에 소개되는 식당들은 대부분 가격이 비싸지만 사람들은 미슐랭 가이드를 펼쳐보면서 새로운 맛을 만나기를 고대한다.

요즘 한국에서 쉽게 접할 수 있는 달팽이와 로크포르 치즈는 십여 년 전까지만 해도 현지에서만 접할 수 있는 음식이었다. 노트르담 성당을 보려면 파리의 센 강에, 타지마할을 보려면 인도 아그라의 자무나 강에 가야하는 것과 마찬가지였다. 각 도시에 유명한 문화유산이 있는 것처럼 각 나라에는 공식처럼 떠오르는 대표 음식이 있다. 이탈리아는 피자와 파스타, 헝가리는 굴라

01
쇠고기, 양파, 고추, 파프리카 등으로 만든
헝가리의 매운 수프 굴라시.

03
꼬치에 여러 조각의 고기와 채소를 꽂아
구워먹는 그리스의 수블라키.

02
듀럼과 같은 단단한 밀을 으깬 세몰리나를
쪄서 만든 모로코의 쿠스쿠스.

04
생선을 넣고 끓인 마르세유의 부야베스.

시Goulash, 모로코는 쿠스쿠스Cuscus, 멕시코는 타코, 그리스는 수블라키Souvlaki가 대표적이다. 도시마다 특징이 있는 음식도 있다. 프랑스의 남서쪽 지방에서는 바스크 음식, 노르망디에서는 파에야Paella, 마르세유에서는 부야베스Bouillabaisse를 만날 수 있다.

맛은 도시에 또 다른 도시를 만든다. 런던이나 베를린에 있는 일본 라멘집은 일본 긴자 거리에 있는 작은 목조 건물의 라멘집과 비슷하다. 우리나라 한정식집은 초현대적인 건물 안에 있더라도 대들보와 서까래를 달아 현관 앞에 맷돌까지 배치하면 전통 한옥의 분위기가 난다. 같은 음식도 분위기 있는 공간에서 먹으면 맛과 감동이 남다르다. 똑같은 컵라면도 야근을 한 후 회사 앞 편의점에서 대충 끼니를 때우는 것과, 한강 공원에서 먹는 맛, 스위스 융프라우 정상에서 먹는 맛은 다르다. 근사한 저녁을 먹으면서 옥상 테라스에서 내려다보는 도시의 야경은 음식 맛을 한층 돋운다. 여기에 와인이나 샴페인을 곁들이면 도시는 마법처럼 매력적으로 변한다.

풀코스와 구첩반상

음식도 문화이지만, 음식을 먹는 방식도 하나의 문화다. 문화에는 절차와 행동 양식이 녹아 있다. 음식을 먹는 방식도 마찬가지다. 프랑스에서는 입맛을 돋우는 아페테리프Apéritif로 시작해서

익히지 않은 음식으로 구성된 가벼운 앙트레Entrée를 먹은 후 첫 번째 메인 디시로 해산물 요리, 두 번째 메인 디시로 육류 요리를 먹는다. 지역에 따라서는 첫 번째와 두 번째 메인 디시 사이에 가벼운 셔벗을 먹거나 술을 마시면서 잠시 쉬기도 하는데, 이를 트루Trou라고 한다. 이후에는 치즈와 디저트를 먹고 커피와 코냑으로 식사를 마무리한다. 코냑은 '커피를 밀어 넣다'는 뜻인 뿌스 카페Pousse-Café라고도 불린다. 얼마나 많이 먹으면 식사를 마무리하기 위해 마신 커피를 밀어 넣고 다시 코냑을 마실까? 여덟 단계를 거치는 프랑스의 음식 문화를 체험하려면 아마 두 시간도 부족할 것이다.

우리나라의 한정식집에서는 보통 차가운 전채 요리에서 시작해 따뜻한 요리가 나온다. 정찬으로는 가벼운 채소, 생선, 고기, 찌개가, 디저트로는 떡이나 수정과를 먹는다. 서양 음식은 요리가 하나씩 순서에 따라 나오지만 우리나라는 여러 음식을 함께 놓고 먹기 때문에 음식이 나오는 순서가 비교적 간단하다. 우리나라의 전통 상차림은 반찬 수를 의미하는 첩수를 기준으로 3첩, 5첩, 7첩, 9첩, 12첩 반상으로 나뉜다. 이 반찬 수에서 김치나 젓갈, 찌개는 제외된다. 3첩은 서민이 먹는 밥상, 12첩은 임금님이 먹는 밥상으로, 주로 5첩이나 7첩 반상을 먹었다.

서양의 풀코스에 해당하는 우리나라의 9첩 반상을 살펴보면 밥과 국 외에 찌개 두 가지와 전골, 찜이 올라가고 회나 편육 중

하나가 상에 놓인다. 이렇게 많은 음식을 상에 놓을 때는 음식을 놓는 자리가 정해져 있다. 밥과 국이 가장 앞에 놓이고 찜, 전, 회, 구이, 조림이 그 뒤의 왼쪽에서 오른쪽으로 놓인다. 그 다음 줄에는 마른 반찬, 나물, 구이, 조치조선 시대에 찌개를 가리키던 말가 다시 왼쪽에서 오른쪽으로 놓인다. 오른쪽에 놓이는 뜨거운 음식은 대부분의 사람이 오른손잡이이기 때문에 수저 가까운 곳에 위치하려던 의도였을 것이다. 마지막 줄에는 김치가, 밥과 반찬의 첫 줄 사이에는 간장, 초간장, 초고추장이 놓인다.

반상은 한 사람을 위한 상차림이다. 한식의 음식 배치는 밥과 국을 중심으로 정해진다. 만약 맞은편에 사람이 앉는다면 음식의 위치가 정반대가 될 것이다. 서양은 음식이 제공되는 순서, 우리나라는 음식이 놓이는 위치에서 격식을 찾는다고 말할 수 있다. 그리고 이는 다시 한 테이블에서 여러 사람이 같이 먹기 위한 것인지 한 사람만을 위한 상차림인지로 나뉜다.

도시에 차린 밥상

서양과 우리나라 상차림의 특성은 도시로도 연결된다. 풍수지리를 중시한 우리나라에서는 건물이 땅에 놓이는 위치가 중요했다. 조선 시대의 경복궁이나 창덕궁을 봐도 산을 뒤로 부지를 넓게 마련해 건물이 서로 떨어져 있다. 조선 왕조의 법궁인 경복궁을 보면 근정전, 경회루, 강녕전, 보평청 등은 서로 연결되지 않고 외부를 바탕으로 넓게 배치되어 있다.

이는 한식 반상 차림과 비슷하다. 상의 가장 첫 줄에는 음식 중 가장 중요한 육류가, 뒷줄로 갈수록 나물이나 조치같이 부드러운 음식이 놓인다. 궁궐도 성문과 성루를 지나 들어가면 나라를 다스리는 데 가장 중요한 외전이, 그 뒤쪽으로 왕이 생활하는 대전과 왕비가 생활하는 중궁전이 있다. 이를 중심으로 양측에는 왕을 보좌하는 신하들이나 세자의 공간이 있다.

경복궁의 정문인 광화문과 흥례문을 지나면 나오는 대조전을 중심으로 뒤쪽에 편전과, 강녕전, 교태전이 차례로 배치되어 있다. 서측에는 국왕을 통치를 보필하는 기관으로 궐내각사인 수정전이 있다. 궐내각사는 규장각, 예문관, 홍문관, 승정원처럼 왕을 보필하는 역할을 하는 관청이다. 이곳에는 한때 200칸의 행각들이 있었지만 현재는 집현전이 자리했던 위치에 임진왜란 이후 1876년에 중건된 수정전만이 남아 있다.[6]

국가의 공식적인 행사를 치르는 공간인 근정전과 임금의 거처인 강녕전 사이에는 왕이 집무를 하고 신하들과 국정을 논의하는 편전인 사정전이, 궐각내사의 후면이자 강녕전의 서측에는 조선 시대 목조 건축의 백미인 경회루가 있다. 인공 호수 위에 만들어진 2층의 목조 누각은 연회 공간으로 빼어난 아름다움을 자랑한다. 이 누각을 지지하는 일층의 석조 기둥은 땅을 상징하는 사각형 모양의 하나의 돌로 만들어져 돌을 다루는 기법과 웅장함을 보여준다. 왕비의 거처인 교태전 뒤에는 향원지와 향원정이 있는 아름다운 후원을 만들었다. 대한 제국이 국권을 잃은 후 일제는 경복궁에서 4,000여 칸의 건물을 허물어 민간에 판매하고, 강녕당, 교태전, 연길당을 철거해 창덕궁의 내전을 짓는 데 사용했다고 하니 과거 경복궁의 규모는 상상 이상으로 융성했을 것이다.

이렇게 전각의 기능과 성격에 따라 개별적이고 독립적으로 부지에 배치한 궁궐 건축은 한식 반상 차림과 유사하다. 반상에서 음식이 놓일 때는 재료와 성격에 따라 중심이 되는 요리와 이를 보조하는 요리가 뒷받침된다. 각 요리는 별도의 접시에 놓이고 접시 사이에는 빈 공간이 있다. 우리나라의 궁궐도 전각은 독립된 기능과 성격을 지녀 왕과의 관계에 따라 자리가 정해진다. 주요 통치 기능과 신하의 보좌 기능, 왕족의 사적 영역, 휴식 공간까지 지닌 각 공간은 독립적인 영역을 확보하며 유기적으로 연계되어 있다.

반면 유럽의 성이나 궁은 대부분 하나의 커다란 건물로 지어져 있다. 루브르궁이나 베르사유 궁전, 오스트리아의 쇤브룬궁이나 영국의 버킹엄궁을 봐도 넓은 정원을 배경으로 한 건물이 우뚝 솟아 있다. 부속 건물이 있는 경우도 있지만 넓은 부지 전체에 수백 채의 전각이 펼쳐진 우리 궁궐과는 매우 다르다. 서양의 궁전도 우리나라의 궁궐과 마찬가지로 수백 년에 걸쳐 지어졌다. 하지만 대부분 과거의 궁전을 새롭게 증축했기 때문에 점점 더 거대해지고 화려해진 것이다.

프랑스를 대표하는 루브르궁은 1527년 프랑수아 1세 때 지어지기 시작했다. 이전에는 파리의 서쪽 지역을 방어하기 위한 성벽과 죄수를 가두는 감옥으로 쓰이다가 이후 왕궁의 도서관으로 사용했다. 오늘날 보이는 센 강과 평행한 좌우 대칭의 형태는 19세기 후반까지 수백 년간 계속 지어진 것이다. 16세기 후반 헨리 4세 때는 센 강과 면한 남측의 긴 건물이 생겨났다. 17세기에 루이 13세와 루이 14세를 거치며 '쿠르 카레Cour Carré'라고 불리는 동쪽의 정사각형 부분을 만들었다. 나폴레옹 1세 때 파비용 마르상Pavillon Marsan에 이르는 정사각형에서 길게 서쪽으로 뻗어나온 건물의 북측 일부분을 지었다. 19세기인 제2공화국과 나폴레옹 3세를 거치며 지금과 같은 남북 대칭의 장엄한 왕궁이 완성되었다.

루브르궁의 아치나 상부 장식을 세밀하게 살펴보면 'H, L, N, R'이라는 글자가 쓰여 있다. 이는 각각 헨리, 루이, 나폴레옹을 상징하는 왕가의 이니셜이다. 'R'은 공화국인 'République'을 의미한다. 이니셜이 있는 부분은 각 이니셜에 해당하는 왕의 재임 기간에 지어졌다. 하지만 얼핏 보면 궁 전체가 매우 유사해 한 번에 지어진 건물로 생각하기 쉽다. 이러한 궁의 모습은 식탁에 메인

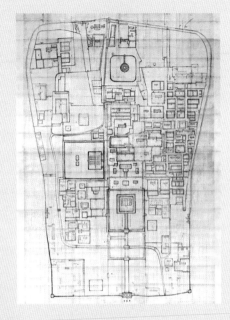

01

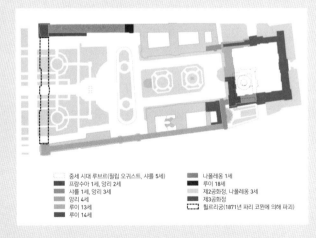

중세 시대 루브르(필립 오귀스트, 샤를 5세)
프랑수아 1세, 앙리 2세
샤를 1세, 앙리 3세
앙리 4세
루이 13세
루이 14세

나폴레옹 1세
루이 18세
제2공화정, 나폴레옹 3세
제3공화정
튈르리궁(1871년 파리 코뮌에 의해 파괴)

02

01
작자미상, 〈북궐도형〉, 1907년경 추정,
국립문화재연구소 소장. 각 전각이 독립적인
건물로 별도의 외부 공간을 갖고 근정전을
중심으로 배치되어 있다.

02
루브르궁의 시기별 건축. 여러 전각이 배치된
경복궁과는 달리 한 건물이 중심이 되어
독립적으로 건축되었다.

디시 하나를 올린 서양 풀코스를 연상시킨다. 식탁 위에 음식이 차려지는 모습은 도시와 닮아 있다.

맛에 따라 변하는 도시

전통적인 공간은 음식을 준비하는 주방과 음식을 먹는 식당이 구별된다. 우리나라의 요즘 아파트에는 주방과 거실이 붙어 있어 주방, 식당, 거실이 하나인 경우가 많다. 그러나 서양의 주택을 보면 20세기 초반까지 주방, 식당, 거실이 명확하게 구획된 경우가 많다.

19세기 후반까지 유럽에서는 주로 하인들이 식사를 준비했기 때문에 주방과 식사를 하는 살롱Salon은 서로 멀리 떨어져 있었다. 식사를 하는 살롱은 발코니가 딸린 건물 외관에 손님을 접대하는 화려한 공간이었다. 하지만 주방은 귀족이나 부르주아가 머무는 공간과는 떨어져 하인들이 거주하는 건물 안쪽의 좁고 어두운 공간에 있었다.

20세기 이전의 서양 주방은 지금처럼 깨끗하고 편안하게 음식을 준비할 수 있는 공간이 아니었다. 중세 성이나 수도원의 주방은 휑하고 시커맸다. 한낮에 들어가도 눈앞에 무엇이 있는지 분간이 안 갈 정도로 컴컴한 주방 가운데에는 크고 시커먼 솥이 달려 있었다. 화려하고 아름다운 성의 주방이 이렇게 음침했다는 것이 믿어지지 않을 정도였다.

우리나라의 전통적인 집은 안채와 사랑채가 구분된다. 음식은 안주인이 머무는 안채에 딸린 부엌에서 만들어졌다. 주방에는 구들과 부뚜막이 있어 대청마루나 방과 같은 다른 공간보다 높이가 낮았다. 이곳에서 하녀 또는 안주인이 식사를 준비하면 이를 방으로 가져가 상을 펴고 식사를 했다. 이때 한국에서는 남자와 여자는 겸상을 하지 않아 여자는 어른이라도 아이들과 같이 다른 상에서 식사를 했고, 남자는 어린아이일지라도 할아버지, 아버지와 함께 따로 식사를 했다.

이렇게 사람이 머무는 공간과 분리되어 어둡고 침침했던 부엌은 20세기에 거주 공간으로 들어왔다. 서양식 주택 문화를 받아들인 우리나라의 주방은 이제 거실과 가까워졌다. 우리나라 아파트 평면을 보면 거실과 주방이 거의 분리되지 않고 주방에 식탁이 놓인 경우가 많다. 바쁜 하루 중 가족이 서로 만나는 시간은 식사를 할 때 밖에 없다보니 집의 중심이 자연스럽게 주방으로 옮겨진 것이다.

백 년 전만 해도 음식으로 섭취하는 칼로리가 부족해 굶주리는 사람이 많았지만, 이제는 칼로리 과다 섭취로 비만을 걱정하는 시대가 되었다. 도시에 급속하게 늘어나는 피트니스 센터는 이를 위해 만들어진 공간이다. 한때는 보름달 같은 얼굴과 통통한 몸매가 복스러움을 상징해 뚱뚱하게 나온 배가 편안하고 부유한 생활을 대변했지만, 이제 비만은 저소득층의 문제가 되었다. 생활에 여유가 있는 사람들은 전문 트레이너의 도움을 받아 날씬한 몸매를 만들기 위해 노력한다.

건강하고 날씬한 몸매를 원하는 열풍이 불면서 도시 야경이 한눈에 내려다보이는 스카이라운지는 운동 공간으로 바뀌고 있다. 사람들은 낮에 캐러멜 마키아토와 레몬 머랭의 유혹에 넘어가지만 저녁에 탄력 있는 몸매를 위해 필라테스, 요가, 피트니스 클럽을 찾는다. 아파트 단지의 운동 공간도 고급화되고 다양해지고 있다. 20년 전에 만들어진 단지에는 피트니스 클럽이 복리 시설이었지만, 요즘은 수영장, 실내 골프장, 요가실은 기본이다.

맛있는 음식을 먹는 식당만큼 섭취한 칼로리를 소비하는 피트니스 센터가 중요해지고 있다. 건강한 삶을 위해 비용과 노력을 아끼지 않는 현대의 소비 문화가 도시 공간에 그대로 나타난다.

도시와 지역 음식

의정부와 부대찌개

의정부에서는 부대찌개 가게를 쉽게 볼 수 있다. 우리나라 음식 중에는 지역과 관련된 것이 상당히 많다. 마산 아구찜, 이동 갈비, 전주 비빔밥, 신당동 떡볶이는 누구나 쉽게 떠올리는 지역 음식이다. 음식 앞에 지역 이름을 붙이면 왠지 요리 비법이 특별할 것 같고 더 맛있게 들린다. 그중 부대찌개는 의정부, 동두천, 송탄과 어울리는 음식이다.

부대찌개는 6·25 전쟁 이후 미군 부대가 우리나라에 주둔하면서 생긴 음식이다. 미군 부대에서 나온 햄과 소시지를 사용해 얼큰하게 끓인 부대찌개는 의정부, 동두천, 송탄에서 처음 만들어졌다. 서울 북쪽에 위치한 의정부는 1963년부터 약 84만제곱미터의 넓은 면적에 미군 부대가 자리 잡은 이후 미군 부대와 밀접하게 연관되어 발달했다.[7] 이곳에 미군 부대가 위치하자 우리나라에는 없었던 햄과 소시지가 부대 주변에 등장했다. 이를 부대에서 나온 고기라고 해서 부대고기라고 불렀다.

의정부에 가면 부대찌개를 처음 만든 식당을 중심으로 십여 개의 부대찌개 가게가 늘어선 골목이 있다. 의정부 근처에 6·25 전쟁 이후 들어선 제일시장은 미군 부대에서 나온 물자들을 많이 판매하면서 경기 북부의 매우 큰 시장이 되었다. 부대찌개 또한 이곳에서 나온 부대고기로 만든 음식이다. 즉 미군 부대가 있었던 곳이 부대찌개의 원산지이자 원조인 셈이다.

의정부 하면 부대찌개가 생각나고, 사람들은 부대찌개를 먹기 위해 일부러 의정부를 찾는 것처럼 유명한 음식이 있는 도시에 사람들이 모여든다. 도시에서 신개발지나 대규모 아파트 단지가 외곽에 형성되면 구도심의 상권이 쇠퇴한다. 이때 도시계획에서는 도시재생이라는 기법을 도입해 활력을 잃어가는 옛 시가지를 살리려는 노력을 기울인다. 이를 위해서 사람들의 기억에 남을 지역 문화나 특산물을 주로 활용한다.

지역 음식은 훌륭한 문화 자산이다. 음식을 중심으로 상인과 지역 주민이 독특한 문화와 지역을 형성하면 지역은 활기를 되찾는다. 바쁜 선원들이 간편하게 먹을 수 있도록 만들어진 충무김밥은 항구 도시에서 쉽게 접할 수 있다. 산청에서는 약초로 만든 여러 음식을 접할 수 있다. 음식은 지역의 역사와 특성을 함축한다.

의정부에 53년 동안 있었던 미군 부대는 2018년 10월 말에 평

택으로 모두 이전했다. 미군 부대가 사라진 의정부는 새로운 도
시로 변모하고 있다. 이전한 기지의 부지에는 역사 공원, 안보 테
마 관광 단지, 다양한 문화 시설, 공원이 들어선다고 한다. 하지
만 미군 부대가 사라져도 부대찌개는 여전히 의정부에 남아있을
것이다. 사람들은 부대찌개라는 이름과 맛으로 의정부의 지난
시간을 기억하기 때문이다.

성남과 갈매기살

성남 구시가지는 우리나라 수도권 신도시의 시조이다. 서울의 무
허가 판자촌의 불법 거주민을 이주시키기 위해 1968년에 개발된
이곳은 당시 경기도 광주시였기 때문에 광주 대단지라 불렸다.
인구 10만 명을 수용할 계획으로 만들어졌지만 서울과의 교통
연계나 기반 시설을 거의 갖추지 않은 채 사람들이 이주했다. 하
지만 서울의 무허가 판자촌 주민들이 이주한 상황이니 경제적으
로 어려운 사람들이 대부분이었다.

　광주 대단지의 남쪽현재 야탑동에는 1960년대부터 성남 도축장
이 있었다. 이곳에서는 고기로 취급되지 않던 돼지의 횡경막과
간 사이의 고기를 막을 벗겨내고 다듬어 판매했다. 광주 대단지
에 살던 사람들은 제대로 판매되는 고기가 아니어서 저렴하고
맛이 괜찮은 이 고기를 도축장에서 쉽게 구할 수 있었다. 횡경막

은 우리말로 가로막이다. 가로막을 편하게 발음하다 보니 갈매기살이라 불렸고, 강제로 이주 당한 서민들이 사는 동네에서 저렴하고 맛있는 갈매기살은 금방 인기를 얻었다.[8]

과거 성남 도축장 인근인 분당 야탑동에 갈매기살을 파는 고기집이 하나둘 모여들었고, 1970년대 중반에 갈매기살촌이 형성됐다. 갈매기촌은 갈매기살을 먹기 위해 사람들이 일부러 성남을 찾을 정도로 널리 알려졌다. 하지만 1989년 분당 신도시가 개발계획을 발표하고 신도시가 조성되자 갈매기살촌은 성남 여수동으로 터전을 다시 옮겨야 했다. 신도시 개발의 시초였던 성남 갈매기촌이 15년 후 분당 신도시 개발로 그 터전을 다시 내준 것은 우리나라의 도시가 얼마나 빠른 속도로 변화했는지를 알려준다.

갈매기살촌의 흔적은 아직도 분당에서 찾아볼 수 있다. 분당은 신도시계획 당시 오래전부터 이곳에 터전을 잡았던 갈매기살촌을 도시에 두려고 노력했다. 갈매살촌이 있던 야탑동에 도시계획으로 특별설계구역을 지정하고 1,838제곱미터 규모의 부지에 갈매기살 음식점 단지가 들어오도록 계획했다. 하지만 갈매기촌을 조성하려던 사업이 1995년에 부도나면서 애초에 의도했던 갈매기살촌은 개발되지 못했다.

이후 분당의 갈매기촌 땅은 2004년에 매입되었다. 당시 성남시장과 친척 관계였던 사업주는 갈매기살촌이 아닌 다른 용도로 토지를 사용하기 위해 이 땅을 준주거지역으로 변경하려 했다.

그러자 이에 반발한 성남시의회가 특혜시비를 제기하여 감사원에 감사를 청구해 사회적 관심사가 되었다.[9] 2009년 성남시의회 도시 건설 위원회 회의록을 보면 당시 갈매기살촌 부지의 지구단위계획 지역 지정에 대해 얼마나 뜨거운 논의가 있었는지 알 수 있다.[10]

1989년 분당 신도시가 계획될 때부터 주민의 생업과 밀접했던 갈매기살촌은 20년이 지나서도 용도지역 지정에 대한 논쟁이 끝나지 않았다. 그 후 십여 년이 지난 지금도 건물이 들어서지 못한 상태이다. 2015년에는 이 부지를 요양 병원으로 사용할 계획이 추진됐지만 진행 속도가 더디다.[11] 이렇게 주민의 생업 터전을 신도시에 담으려던 애초의 의도는 30여 년이나 도시계획에 표류하고 있다.

부대찌개도, 성남 갈매기살도 부산물을 이용해서 만들어진 서민의 음식이다. 서울을 방어하는 목적으로 주둔했던 미군 부대와 부대찌개, 서울을 현대 도시로 정비하기 위해 만들어진 광주 대단지의 도축장과 갈매기살. 어딘지 모르게 닮았다. 미군 부대도 이전했고, 도축장은 사라진지 오래지만 성남에는 아직도 갈매기살촌이 있다. 도시의 수명은 짧지만 음식은 오래도록 남아 도시의 역사를 전한다.

차이나타운

유럽과 미국, 그리고 아시아에는 차이나타운이 있다. 이곳에는 해외에 거주하는 중국인들이 모여 산다. 뉴욕이든 런던이든 파리든 차이나타운에서는 중국만의 특유한 문화가 물씬 풍긴다. 이곳에서는 동양인이 주인공이고, 중국어가 영어나 불어보다 훨씬 더 자연스럽게 들린다. 외국인들도 자신의 나라에 있는 차이나타운에 대해 호의적이다. 굳이 중국에 가지 않아도 이국적인 동양의 분위기를 느낄 수 있기 때문이다. 한자가 쓰여 있는 간판과 빨갛고 황금색으로 꾸며진 상점 분위기는 누구에게나 매력적이다.

차이나타운은 아시아 음식점으로 가득 차 있다. 중국 식당으로 시작됐지만, 이제는 베트남, 캄보디아, 라오스 식당도 쉽게 찾아볼 수 있다. 차이나타운의 가장 큰 장점은 다양한 이국적인 요리를 저렴하게 먹을 수 있다는 점이다. 거리에는 식료품을 파는 슈퍼마켓이나 장식품 가게, 레코드 가게, 여행사, 찻집과 같은 다양한 가게가 있어 길을 따라 걷기만 해도 다른 세상에 온 것처럼 신선하다.

런던의 차이나타운은 20세기 초반에 도크랜드Docklands로 오는 중국 선원을 대상으로 형성되었다. 2차 세계대전에 차이나타운의 상당 부분이 폭격으로 파괴됐지만 이후 홍콩에서 온 이민자들이 늘어나고 아시아 음식이 인기를 얻으면서 지금의 모습으로 발달했다. 차이나타운의 시작을 알리는 화려한 목조 게이트가 자리한 이 길의 다양한 음식점과 상점이 유럽 한가운데에서 중국 문화의 존재감을 드러낸다. 음력 설날에 용을 든 퍼레이드가 펼쳐지는 이 차이나타운은 런던을 방문하는 사람은 꼭 한번 들러 보고 싶어 하는 매력적인 장소가 되었다.

파리의 차이나타운은 파리의 동남쪽에 위치한 13구뿐 아니라 파리 동북쪽의 벨빌Belleville에도 있다. 파리 중심지인 3구의 아르에 메티에Arts et Metiers에도 과거에 차이나타운이 발달했다. 그중 가장 규모가 큰 차이나타운은 아브뉘 디브리Avenue D'Ivry를 중심으로 발달한 지역이다. 파리의 다른 지역과는 다르게 30층이 넘는 고층 빌딩이 많아 20세기 모더니즘 도시의 모습을 나타낸다. 우리나라의 낡은 아파트와 비슷한 콘크리트 빌딩이 가득한 이곳에 가면 여기가 파리가 맞는지 갸우뚱해진다.

이곳은 1960~70년대 2차 대전 이후 부서진 주택과 급격히 늘어나는 파리 인구에 대응하기 위해 새로운 도시계획에 따라 신속하게 주택이 공급된 곳이다. 그즈음 100만 명에 가까운 캄보디아와 베트남의 보트피플*이 프랑스로 오면서 다수가 이곳에 정착했다. 이렇게 만들어진 파리의 차이나타운에는 주말이면 거리 곳곳에 노점이 열려 많은 사람들이 찾는다. 아시아 음식점에는 젓가락으로 국수를 먹는 서양인이 가득하고 중국 슈퍼마켓에서는 조리법을 찾아보며 아시아 음식 재료를 구입하는 사람들을 쉽게 볼 수 있다.

---

* 망명을 하기 위해서 배를 타고 바다를 떠도는 사람.

우리나라에 처음으로 자장면을 만들어 선보인 공화춘이 있는 인천 차이나타운은 1882년 임오군란 당시 청나라 상인이 자리 잡은 곳이다. 이곳은 청나라 관청이 몰려 있어 청관이라 불렸다. 인천의 차이나타운은 중국 상인의 상점 겸 주택과 서양식의 교회나 건물들이 함께 있어 이국적인 느낌이 매우 강하다. 중국 느낌이 물씬 나는 벽돌 건물과 곡선이 많고 붉은 기와가 화려한 건물로 둘러싸인 거리에서 연안 부두를 내려다보면 백여 년 전의 번성기가 느껴진다.

지금은 상해 거리로 이름이 바뀐 이와 비슷한 청관 거리가 부산 초량동에도 있었다. 이곳에서는 비단, 포목과 같은 여러 물품들을 판매했고 지금도 많은 사람들이 찾는 중국 음식점과 상점이 거리의 역사를 전하고 있다.

서울의 한복판인 소공동에도 차이나타운이 번성했지만 1970년대 이후 사라졌다. 지금은 새로운 차이나타운이 대림동과 연남동을 중심으로 다시 번성하고 있다. 인천도, 부산도, 런던이나 파리의 차이나타운도 발걸음을 들여놓는 순간 중국의 문화를 느낄 수 있다. 맛있는 요리, 붉고 화려한 대문과 기와, 둥근 홍등과 한자 간판은 중국 문화를 더욱 잘 느끼게 한다. 굳이 비행기를 타지 않아도 차이나타운을 걷다 보면 이미 중국 문화 한가운데 들어온 셈이다.

다른 나라에서 말이 잘 통하지 않는 이민자가 새로운 삶을 개

척하기 위해 무엇을 할 수 있을까? 모국을 떠나 다른 나라에서 힘들게 생활하는 사람들이 자신의 나라가 그리울 때 무엇으로 달랠 수 있을까? 바로 음식이다. 사람들은 고향의 맛을 통해 낯선 땅에 자신이 살던 곳과 유사한 환경을 만들면서 그곳을 제 2의 고향으로 여기고 살아갔을 것이다. 도시에 맛을 찾는 사람이 모여들면서 새로운 문화가 싹트고, 그 문화는 다른 사회에 수용되어 더 큰 사회로 성장하면서 도시 속에 또 다른 도시의 모습을 만든다.

01
02

01
런던의 차이나타운은 이국적인 문화가 물씬
묻어나 사람들에게 사랑 받는 장소이다.

02
파리의 차이나타운은 런던과는 달리
이국적이지 않다. 붉은 저층 상가와 간판,
노점상의 모습, 아시아 음식점은 다른
지역과는 확연히 다르다.

전통의 맛을 찾아서

고향의 맛

'고향의 맛'이라는 광고 문구가 있다. 고향의 맛은 어떤 맛일까? 또는 어떤 맛이 고향을 담고 있을까? 고향이 있어도 고향의 맛을 찾기 힘든 사람들도 있다. 서울에서 태어난 사람에겐 딱히 고향의 맛이 무엇인지 떠오르지도 않고, 고향이라는 단어도 피상적이다. 그래도 고향의 맛이라는 단어를 들으면 왠지 마음이 평화로워진다.

우리나라의 시골 풍경을 한번 떠올려 보자. 초가집은 거의 사라졌지만, 시골에는 아직까지 예전의 한옥과 비슷한 집들이 많다. 시골집에는 마당과 마루, 그리고 처마가 있다. 대청마루까지는 아니어도 집마다 방과 방 사이를 연결하는 마루와 방 앞의 좁은 쪽마루도 있다. 마루에는 겨울에 무말랭이와 무청, 처마 밑에는 홍시를 깎아 만든 곶감, 장을 담그기 위해 콩을 익혀 만든 메주가 달려 있었다.

따뜻한 남쪽을 앞에 놓고 추운 북쪽을 뒤로 해 남향을 바라보고 있는 시골 집의 마루는 바람이 지나가는 길이다. 처마 밑은 비를 가려 주지만 햇볕이 잘 드는데, 이렇게 통풍이 잘 되면서 빛까지 드는 구조는 음식을 건조시키는 데 안성맞춤이다. 처마 밑에서 겨우내 말린 무청과 시골집 아랫목에서 띄운 메주로 담근 된장을 재료로 끓인 시래깃국은 고향의 맛을 담고 있다.

숭늉의 구수한 맛, 동치미의 깔끔하고 시원한 맛, 북엇국의 담백한 맛을 다른 나라 언어로 어떻게 표현할 수 있을까? 영어나 불어 사전을 찾아봐도 뉘앙스를 제대로 표현하는 단어를 찾기 쉽지 않다. 마루나 처마 같은 공간도 마찬가지다. 한국의 마당은 영어의 'Yard'나 'Garden', 불어의 'Cour'로 공간의 특성과 느낌이 제대로 표현되지 않는다. 그래서 한국의 마당을 표현할 때 고유명사인 'Madang'을 쓰기도 한다.

우리 음식에서는 장맛이 매우 중요하다. 마당이 있는 시골집에서는 고추장, 된장, 간장을 직접 만들었다. 장을 만들 때는 메주를 만드는 것이 가장 중요했다. 메주는 간장과 된장을 만드는 가장 중요한 재료이기 때문이다. 메주는 콩을 삶아 으깬 후 덩어리로 만들어 볏집에서 발효한 후 건조시킨 것이다. 이때 건조 과정에서 간혹 메주가 변질되어 특유의 냄새가 나기도 한다. 메주를 만들고 건조하는 과정이 집집마다 다르기 때문에 메주 맛도 제각각이다. 겨우내 처마 밑에 달린 이 메주로 이듬해 봄이 오면 소

01
02

01
우리나라 전통 가옥은 마루와 처마가 있어
전통 먹거리를 만들기에 구조가 적합하다.
어쩌면 이러한 구조를 지녔기 때문에 전통
먹거리가 만들어졌을지도 모른다.

02
우리나라 음식 맛은 장맛에서 나왔고
장독대는 집에서 중요한 위치를 차지했다.
전통 가옥의 볕 잘 드는 조용한 곳에
장독대가 있었다.

금물에 띄워 간장과 된장을 만든다.

간장, 된장, 고추장, 동치미, 김장 김치를 담는 독은 우리나라 전통 음식의 가장 기본이다. 때문에 전통 가옥에는 독을 놓는 장독대가 필수였다. 지금도 시골집이나 절에 가보면 볕이 잘 드는 마당에 장독대가 있고 그 위에 크고 작은 독이 빼곡히 놓여 있다. 장에 곰팡이가 피지 않도록 해가 좋으면 뚜껑을 열어놓고, 비가 오면 재빨리 장독 뚜껑을 닫아야 했다. 장맛은 이렇게 부지런히 독을 관리해야 좋은 맛이 나왔다.

고향의 맛은 공간과 시간에서 나온다. 서양에서 치즈나 와인을 만들기 위해 서늘한 지하 저장고가 필요한 것처럼 우리나라에서는 시골집 장독대와 처마 밑, 마당에서 음식 맛이 나왔다. 감미료의 자극적인 맛과 다른 정갈한 전통 음식은 우리의 발걸음을 고향으로 이끈다.

주막의 위로

지금은 KTX를 타면 두어 시간 안에 어디든 갈 수 있지만 백오십 년 전까지만 해도 조선 사람들은 말을 타거나 걸어서 길을 떠났다. 과거를 보러 가는 서생도, 물건을 파는 상인도 걸어서 고개를 넘고 강을 건너야만 원하는 곳에 갈 수 있었다. 이렇게 오랜 시간 이동을 할 때 숙식은 가장 중요하다. 하지만 사람들의 이동이 많지 않았던 조선 시대에는 공무를 위한 숙소로 객사가 몇 군데 있었지만, 평민이 잠을 자기 위한 장소는 따로 없었다.

평민은 길을 떠나는 동안 주막에서 음식을 먹었다. 주막은 글자 그대로 술酒을 마실 수 있는 집이다. 여기서 막幕은 비바람을 가리려고 임시로 막은 집을 말하거나 천막처럼 칸이나 위를 막거나 옆으로 돌려 치는 물건을 뜻하는 한자이다. 그러므로 주막은 상류층이 드나드는 고급 술집이 아니라 평민이 드나드는 허름하고 격식 없는 공간을 의미한다.

주막이 흥미로운 것은 그 이름이 '식막'이 아니라 '주막'으로 불리는 것이다. 이곳의 중심은 식사가 아니라 술이다. 먹고 마시는 것을 의미하는 음식은 '마시다'에 해당하는 '음'이 '먹다'를 의미하는 '식'보다 먼저 나온다. 먹고 마시는 행위 중 물을 마시는 것이 제일 중요하다는 것을 염두에 두고 만든 표현일지도 모른다. '음'이 '식'을 앞서는 이 표현은 주막과 딱 들어맞는다. 우리나라의 주막은 술을 주로 팔면서 이에 곁들일 식사도 파는 곳이었는데, 술을 사 먹는 사람들에게 숙박을 무료로 제공했다. 호텔에서 하루 묵으면 조식이 제공되는 요즘 관점에서 보면 식사를 하면 숙소를 무료로 제공한 과거 주막은 상당히 특이한 장소이다.

우리나라의 초기 주막은 주로 커다란 고개 아래나 나루터처럼 사람이 빈번하게 통행하는 곳에 생겼다. 17세기 이후에 장터에도 주막이 생겨 주막 거리가 형성되었다. 여러 사람이 앉아야 하

김홍도, 〈단원풍속도첩〉 중에서,
국립중앙박물관 소장.

는 주막에는 넓은 마루와 평상이 있었다. 또 술과 음식을 제공해야 했기 때문에 주방이 일반적인 집과 달리 주모가 있는 방이 마루와 붙어 있었다. 사람들은 숙박에 따로 돈을 내지 않기 때문에 한두 칸 남짓한 방에서 열 명 정도가 함께 잠을 잤다. 당시의 주막에서 돈이 있어도 신분이 높지 못하면 좋은 대접을 받지 못하고 구석방에서 자야 했던 공고한 신분제를 엿볼 수 있다.

평민들의 허기를 채워 주고 피곤한 여정을 술 한 잔으로 달래 주던 주막은 한때 전국에 12만 개에 달했다. 주막은 사람들이 모여들자 세상 돌아가는 이야기를 듣는 공간이 되었다. 주막은 점차 여각, 객주, 역·원과 같이 고급화되거나 다양해졌지만, 일제강점기에 주세령*이 강화되면서 술을 만들어 판매하지 못하게 되자 급속하게 쇠퇴해 1930년대에 오천 개 이하로 줄어들었다.[12]

20세기 초반까지 평민들에게 잠자리와 먹거리를 제공한 주막은 점차 역사 속으로 사라졌다. 돈이 없는 사람도 술 한 잔 값이면 얼마든지 잠을 잘 수 있던 주막은 후한 인심과 사람을 내치지 않는 우리 문화를 담는다. 토속성이 짙고 격식 없는 주막은 그곳에서 파는 담백한 국밥이나 소박한 국수 한 그릇과 닮았다. 12첩 반상과 궁궐에만 우리 문화와 뿌리가 있는 것은 아니다.

---

* 주세에 관하여 과세 요건, 신고, 납부, 주류의 제조 면허 따위를 정한 명령.

추억을 부르는 맛

오늘날 도시에서 숙박 시설과 음식점은 분명하게 구분된다. 음식을 판매하고 먹는 공간은 도시 전체에 퍼져 있다. 음식점은 규모가 작은 곳이 많고 생활에 반드시 필요해서 규제가 크게 적용되지 않는다. 그러나 숙박 시설은 도시 아무 곳에나 들어설 수 없다. 여러 사람이 드나들어 교통이 혼잡해지고, 주변 지역에 소음을 발생시키기 때문이다.

우리는 호텔, 여관, 모텔, 레지던스, 리조트 같은 다양한 공간에서 잠을 잘 수 있다. 도시에서 많이 보이는 간판은 대부분 호텔과 모텔이다. 모텔은 영어의 'Motorized Hotel'을 줄인 말로, 자동차를 이용하는 여행객들이 사용하는 숙박 시설이다. 하지만 우리나라에서 모텔은 원래의 뜻과는 상관없이 호텔이 아닌 저렴한 여관에 주로 사용된다.

호텔과 여관을 비교했을 때 호텔이 더 호화로운 것은 누구나 알고 있다. 호텔에 들어가면 넓은 로비와 라운지가 있고 다양한 행사를 위한 연회장이나 식당이 있다. 규모가 큰 경우 스카이라운지, 피트니스 시설, 수영장도 있다. 반면 우리나라에서 흔히 모텔이라 불리는 여관에는 식당이나, 커피숍 같은 부속 공간은 없고 단순히 잠을 자는 공간만 있다.

이렇게 보면 과거 우리나라의 주막과 비슷한 곳은 여관이 아니라 호텔이다. 식사를 하고, 술도 마시며 사람들과 교류하고 잠도 잘 수 있기 때문이다. 우리나라의 최초 호텔은 1888년에 세워진 인천의 대불호텔이다. 1902년에 서울에 최초로 지어진 손탁 호텔 1층에는 레스토랑과 커피숍이 있었다. 이곳에서는 정동 구락부를 중심으로 우리나라의 계몽 인사와 외교관, 선교사들이 모여 항일 운동을 전개하기도 했다.[13] 이후 1914년에 조선호텔이 들어서고, 1938년에는 반도호텔을 세우면서 우리나라에도 본격적으로 상류층과 외국인이 머무는 호화로운 서양식 호텔이 점차 늘어났다.

호텔이나 여관은 건축법과 공중위생 관리법에서 숙박 시설로 구분된다. 국토의 이용 및 계획에 관한 법률에서는 이들이 도시의 어느 용도지역*에 들어설 수 있는지를 규정한다. 또한 이와는 별도로 학교 보건법에서는 교육 환경에 나쁜 영향을 끼치는 시설이 학교 주변에 들어서지 않도록 일정한 거리 내에 들어올 수 없는 법을 정했다. 이 범위를 학교 환경 위생 정화 구역이라고 부른다. 학교의 출입문을 중심으로 50미터 이내는 절대 정화 구역이고, 학교 경계선에서 200미터까지는 상대 정화 구역이다.

예를 들어 절대 정화 구역인 50미터 내에는 만화 가게, 노래 연습장, 비디오 감상실, 유흥 주점 같은 곳은 들어설 수 없다. 또한 상대 정화 구역에도 제한 상영관이나 도축장, 폐기물 처리장은 금지된다. PC방, 노래방, 호텔, 여관 같은 곳은 상대 금지 시설로 교육청의 심의를 거쳐 학생들의 교육 환경에 나쁜 영향을 주지

---

* 토지를 효율적이고 공공적으로 이용할 수 있도록 건축물의 용도와 규모, 높이 등을 도시계획으로 결정하는 것을 말한다. 국토의 계획 및 이용에 관한 법률은 도시지역에 대해 주거지역, 상업지역, 공업지역, 녹지지역으로 나뉜다.

않는다고 판단될 경우에만 설치할 수 있다.*

경복궁을 동십자각 쪽으로 건너 안국동으로 걸어가는 길에는 높고 긴 돌담이 있다. 우리나라의 일반적인 돌담은 사람 눈높이 정도로 낮아 친근하지만 이 담은 7미터에 달한다. 이곳에는 과거 미국 대사관 직원의 숙소가 있었는데, 이 땅의 면적은 약 3만 7,000제곱미터로 초등학교 세 개가 들어갈 수 있을 정도로 매우 넓다. 미국 대사관이 1997년에 삼성 문화 재단에 판매했고, 다시 십여 년이 지난 2008년에 두 배가 넘는 가격인 2,900억 원에 한진 그룹이 매각한 이곳은 약 20년째 빈 땅으로 남아 있다.[14]

탁월한 입지를 가진만큼 지금까지 이 땅을 개발하려는 여러 계획이 있었다. 그중 가장 크게 논란이 되었던 계획은 한진 그룹이 7성급의 초호화 관광호텔을 지으려 했던 것이다. 이 땅은 덕성여중, 덕성여고가 바로 인접해 있고 얼마 전에 이전한 풍문여고가 좁은 길 건너편에 있었던 학교 정화 구역에 포함된다. 호텔을 짓고자 하는 부지가 학교와 10미터도 떨어지지 않아 이곳에 법적으로 호텔을 지을 수 없지만 사업자는 행정 소송까지 제기하며 사업을 추진하려 했다. 다행히 이곳에 호텔을 세울 수 없다는 허가권자의 굳은 의지와 행정 소송에서 대한항공이 패소하면서 사업이 추진되지 못했다.[15]

안국동의 정취는 율곡로에서 옛 풍문여고로 올라가는 좁은 골목길에서 잘 느껴진다. 낮은 돌담길을 따라 정독도서관까지 가는

---

* 교육 환경 보호에 관한 법률 제8조, 제9조.

길에는 분식점, 국수집, 냉면집, 도넛 가게, 카페가 있다. 예전에 학교 앞의 문방구에서는 식품 허가를 받지 않은 불량 식품을 팔았다. 요즘 다시 불량 식품을 찾는 사람들이 많아지면서 사라졌던 제품을 판매하는 곳이 다시 등장하고 있다.

안국동 길을 걸으면 불량 식품을 먹던 옛 추억이 새록새록 떠오른다. 좁은 골목, 낮은 처마의 작은 집들은 어린 시절의 기억을 불러온다. 옛스런 먹거리를 맛볼 수 있는 가게들은 사람들이 기억 속으로 아련히 사라진 지난날을 떠올리게 한다.

2016년에는 관광 진흥법을 개정하여 학교 환경 절대 정화 구역을 75미터로 넓혔다. 법이 바뀌어 이 구역을 넘어가면 100실이 넘는 대규모의 관광 숙박 시설도 심의를 거치지 않고 지을 수 있게 되었다.[16] 다행히 아직까지 경복궁 옆 송현동 부지에 호텔은 들어서고 있지 않지만, 풍문여고까지 이전한 현시점에 머잖아 이곳에도 호텔이 들어설 수 있을지도 모른다. 혹시라도 어느 날 이곳에 대규모 호텔이 지어진다면 이 동네에는 어떤 변화가 일어날까? 지금처럼 많은 사람이 그리워하는 서울 옛 동네의 모습과 추억 속의 맛이 이곳에 그대로 남아 있을까?

도시의 맛

맛의 연출

영어로 연속적인 행동을 의미하는 단어인 시퀀스는 건축이나 도시에서도 자주 사용되는 표현이다. 건축에서는 각 공간이 서로 연계되면서 사람의 움직임이 핵심이 되어 장면을 구성한다. 사람이 건물이나 공간에 서있을 때 느끼는 멋진 장면은 투시도와 크게 다르지 않다.

건축가는 공간 폭이 갑자기 좁아졌다 넓어지거나, 시야가 막혔다가 트이고, 주변의 광활한 경관을 향해 열리는 다양한 공간을 연출한다.[17] 어두운 공간에서 빛이 쏟아지는 밝은 공간으로 나가게 하거나 높고 커다란 공간을 아주 작은 공간으로 연결하면서 공간감을 극대화한다. 공간의 시퀀스를 연출할 때는 외부 공간과의 만남을 활용하기도 한다. 이때 건물의 일부가 경치의 일부분으로 들어가거나 공간이 숨겨졌다 나타날 때 더욱 깊은 인상을 준다.

시퀀스가 잘 구성된 도시에서는 공간이나 건물이 매우 극적이고 다양하다는 느낌을 받는다. 우리나라의 부석사나 화엄사, 스페인의 알람브라 궁전, 프랑스의 몽생미셸이 그렇다. 공간의 시퀀스가 탁월한 건물은 사람이 움직일 때마다 다양한 장면을 느끼도록 건축된다. 또한 건축물 안에서도 내부와 외부, 주변 경관을 활용해 긴장과 이완의 느낌이 반복되는 공간을 연출한다.

몽생미셸

아름답고 감동을 주는 건축물은 매우 많지만 그중 시퀀스가 가장 극적으로 느껴지는 곳은 몽생미셸Mont-Saint-Michel이다. 프랑스 노르망디 지방에 있는 이곳은 작은 바위섬 위에 솟은 수도원이다. 몽생미셸은 709년에 기독교의 천사장인 미카엘을 위한 작은 예배당을 세우면서 시작되었다. 수도승의 순례지였던 이곳은 노르망디 공작의 요청으로 966년부터 베네딕트 수도사들이 거주하기 시작하면서 본격적으로 수도원이 세워졌다.

11세기에는 바위섬 정상에 로마네스크 양식의 대수도원과 성당을 지하 묘지 위에 건축했고, 12세기에는 동서측까지 확장했다. 13세기에 들어 수도원은 필리프 2세*의 기부로 수도원과 식당이 건축되어 오늘날처럼 바위섬을 수직으로 층층이 둘러싸는 경이로운 고딕 건축을 덧붙였다. 라 메르베이La Merveille‡라고 불

---

* Philippe II, 1165. 8. 21 ~ 1223. 7. 14. 카페 왕조 출신으로는 프랑스 왕국의 일곱 번째 국왕. 프랑스 국왕으로서는 최초로 위대한 왕이라고 평가되어 '존엄왕(Auguste)'이라는 별명이 붙었다.

‡ 놀랍고 경이롭다는 뜻.

리는 이곳은 3층에는 성직자가 머물고, 2층에는 귀족과 기사가, 1층은 평민이 사용하도록 만들어졌다.[18]

몽생미셸은 14세기부터 15세기에 영국과 프랑스의 백 년 전쟁에 휩싸이며 영국에 맞서 싸우는 성채 역할을 했다. 수도원 아래의 마을에는 성벽과 수도원을 지키기 위한 군사 시설을 세웠다. 몽생미셸은 조수 간만 차가 15미터나 되기 때문에 밀물 때는 주변 지역이 바닷물로 완전히 잠겨 육지와 연결되는 길이 사라진다. 그 덕에 수도원은 천혜의 요새가 되어 백 년 전쟁에서 삽십 년이 넘도록 성이 함락되지 않아 프랑스 역사에서 매우 중요하다.

몽생미셸을 찾아가는 길은 넓고 평화로운 노르망디의 목초지에서 시작한다. 바다가 멀리 보이고 여유롭게 풀을 뜯는 양들을 지나치며 굽은 형태로 이어진 자갈길을 따라 걷다 보면 길의 끝에 뾰족한 바위섬과 일체화된 수도원이 보인다. 바닷바람과 목초지의 햇살로 이어지는 길을 따라 성 아래에 도착하면 성문을 지나 언덕길을 오르게 된다. 돌로 만들어진 좁고 구불구불한 골목길에는 작은 집들이 다닥다닥 붙어 있다. 성벽과 집들이 일체되기도, 경사 테라스의 아래가 건물이 되기도 하며 좁은 공간과 가파른 언덕길, 골목 틈으로 사이로 보이는 풍경이 교차한다. 긴 여정을 거쳐 수도원으로 들어가면 본격적인 몽생미셸과의 만남이 시작된다.

팔백 년에 달하는 긴 시간 동안 좁은 바위섬 위에 세워지고 부서지기를 반복한 도시는 놀랍고 경이롭다. 라 메르베이 아래층의 기둥은 양팔로 안아도 크고 벽 또한 그 두께를 가늠하기 힘들 정도로 두껍다. 수도원이지만 성의 어두운 지하 공간에 와 있는 느낌이다. 하지만 지상으로 올라가면 이와는 완전히 다른 세계가 펼쳐진다. 한없이 아름다운 예배당의 기둥과 벽은 섬세하게 장식되어 있다. 다른 성당과 마찬가지로 높고 아름다운 성당에는 하늘을 찌를 듯 높이 솟은 볼트 사이로 스테인드글라스의 빛이 들어온다. 이곳에서 가장 놀라운 공간은 클로이스터Cloisters 정원이다. 험한 바위섬 위의 돌 건물에 자리하고 있다는 것이 믿기지 않을 정도로 아름답다. 수도사들이 명상하는 공간으로 만들어진 이곳은 2열의 가는 기둥으로 정원에 면한 지붕과 벽을 지지해 무거운 느낌이 전혀 느껴지지 않고 아름다움과 고요함만이 가득하다.

　　몽생미셸은 목초지와 바다 끝의 작은 섬의 평화로운 풍경, 좁은 길을 올라오면서 볼 수 있는 소박한 집으로 둘러싸인 마을, 어두운 지하를 지나면 펼쳐지는 웅장하고 성스러운 공간, 천상을 연상시키는 공중 정원, 끝없이 넓은 바다가 내려다보이는 절경으로 다채로운 시퀀스를 보여준다.

　　영화 〈라따뚜이Ratatouille〉에서 악명 높은 음식 평론가 안톤 이고는 레미의 도움으로 우여곡절 끝에 요리사가 된 링귀니에게 행복한 표정으로 음식을 주문하며 '나를 놀라게 해줘!'라고 말한

목초지가 넓게 펼쳐진 바닷가를 따라가면
굽은 길 끝의 바위섬에 있는 몽생미셸을 만날
수 있다.

다. 요리를 기다리는 이고의 얼굴은 기대와 설렘으로 가득하다. 음식은 예상하지 못한 맛과 구성에서 즐거움을 준다. 우리가 도시에서 예상하지 못한 장면을 만나는 것도 마찬가지이다.

우리 음식, 우리 도시

생활의 기본 요소를 의식주라고 할 때 우리나라 사람들은 옷이나 집에 대해서는 서구 생활을 받아들였지만, 음식에 대해서는 아직까지 전통과 가까이 지내고 있다. 누구나 청바지를 입고, 침대에서 자거나 소파에 앉는 것을 불편해하지 않지만, 김치와 고추장을 매일 먹어야 한다. 한식당을 쉽게 찾을 수 없는 해외여행에서 고추장은 필수품이다.

한국인의 정체성을 상징하는 김치는 생각보다 역사가 짧다. 우리가 매일 먹는 배추김치는 고춧가루를 기본 재료로 여기에 여러 양념과 젓갈을 넣는다. 김치의 가장 핵심이 되는 고추는 임진왜란 때 한국에 들어와 김치에 18세기부터 사용됐다고 한다. 보통 김장에 사용되는 배추는 잎이 벌어지지 않는 모양의 결구배추이다. 이 배추는 19세기 말 중국에서 들어와 20세기 초부터 재배되었다. 이전의 배추는 상추처럼 모양이 벌어져 있어 양념을 속에 담아두기 어려웠다. 삼국 시대부터 김치에 대한 기록은 있었으나 소금도 매우 귀했고, 고추나 지금의 배추가 존재하지 않

았던 때라 당시의 김치는 오늘날의 김치와 형태와 맛이 달랐을 것이다.[19]

배추, 양념, 맛이 전부 달랐던 천 년 전의 김치를 김치라고 부를 수 있을까? 그렇다면 우리가 사는 공간은 어떨까? 전통적이었던 우리의 생활 공간이 서양화되기 시작한 것은 백여 년에 불과하다. 우리나라에는 19세기 말부터 서양식 건물과 공원이 생겼고, 20세기 이후 호텔, 극장, 백화점, 아파트가 들어섰다. 만일 겨우 백 년 남짓 역사를 담은 오늘날의 김치를 우리 문화를 대표하는 한국인의 음식이라 부른다면, 20세기 초 서양 문화가 들어오면서 만들어진 건축물도 우리 문화를 담은 건축물이라고 말할수 있다.

도시는 음식과 연결되어 있다. 일본에 가면 많은 식당에서 자판기로 음식을 주문하고, 1인용 테이블에 앉아 혼자 주문한 음식을 먹는다. 일인가구의 비율이 높은 이곳에서는 가족 중심의 넓은 아파트보다는 스튜디오나 작은 규모의 주택에 사람들이 많이 산다. 런던에서는 점심시간에 프랜차이즈 식당에서 포장한 도시락을 먹는 모습을, 파리에서는 카페에서 여유롭게 점심시간을 즐기는 모습을 자주 볼 수 있다. 만일 런던보다 파리가 여유롭게 느껴진다면 도시에서 음식을 접하는 사람들의 모습 때문일 것이다.

도시가 세계화될수록 다양한 음식과 공간이 발달한다. 도시에 이슬람이 많아지자 할랄Halal 음식이 들어왔고 백화점에는 이들을 위한 기도실까지 생겼다. 도시를 채우는 사람이 달라지면 음식이 먼저 변하고 공간도 그에 따라 변한다.

세계적으로 성장한 우리나라에는 경주처럼 천년을 넘어가는 역사 도시도 있고, 이삼십 년 만에 만들어진 신도시도 있다. 도시의 모습이 바뀌는 것은 음식에서 재료가 바뀌는 것과 마찬가지이다. 초현대식 빌딩과 아파트로 가득찬 도시도, 오랜 시간 동안 차근차근 만들어진 도시도 있다. 훌륭한 요리는 서로 다른 재료가 만나 조화롭게 어울리는 것처럼 도시도 다른 여러 문화가 만나 어우러지면서 새롭게 나타난다.

사람을 매료시키는 맛은 다양한 재료를 손질하고 준비하여 단계별로 조리하면서 만들어진다. 요리를 할 때 좋은 재료를 고르는 수고를 소홀히 하거나 귀찮다고 순서를 건너뛰면 제대로 된 음식을 만들기 어렵다. 요리는 차근차근 시간을 들여 각 재료가 조화롭게 어울릴 수 있는 맛을 만드는 과정이다.

훌륭한 식사는 음식 하나의 맛이 탁월하다고 되는 것이 아니다. 함께 먹는 다른 음식과도 어울려야 하고, 상황에도 맞아야 한다. 메인 디시만 중요한 것이 아니라 입맛을 돋우는 전채 요리나 식사를 마무리하는 디저트까지 어우러졌을 때 그 식사는 사람에게 감동을 준다.

도시도 커다란 박물관, 높은 빌딩뿐 아니라 도시의 작은 골목, 자투리 공간, 집 앞 거리 등 다양한 공간이 서로 어울려야 아름답다. 같은 음식도 좋은 사람들과 함께 먹으면 훨씬 더 맛있고 즐거운 것처럼 같은 공간도 좋아하는 사람과 함께 있으면 훨씬 더 풍요롭다. 맛과 도시는 만드는 법도 즐기는 법도 같다.

그렇다면 오감으로 느끼며 먹는 음식은 어떨까? 음식에서 맛있는 냄새를 맡고, 음식을 씹을 때의 소리를 듣거나 식감을 느끼고, 촉감으로 재료를 만진다면 맛이 더 다채로울 것이다. 도시도 마찬가지다. 냄새, 소리, 촉감, 맛의 다양한 언어로 말하는 도시를 눈을 감고 느낀다면 우리가 사는 공간을 더 풍요롭게 느낄 수 있을 것이다.

참고문헌

I. 도시의 냄새를 맡다

1 설혜심, "코티분과 향기의 소비사", 《소비의 문화사》, https://terms.naver.com/entry.nhn?docId=3582467&cid=59555&categoryId=59555

2 Louis-Sébastien Mercier, *Tableau de Paris*, 1783

3 2012년 파리 도로의 개수는 총 6,290개로, 길이는 전체 1,700킬로미터, 면적은 26,5제곱킬로미터에 달한다. 파리 하수도 길이 자료: https://www.paris.fr/services-et-infos-pratiques/environnement-et-espaces-verts/eau-et-assainissement/les-egouts-a-paris-2367

4 Charles Baudelaire, *Pauvre Belgique*, 1953, pp.12~13.

5 Roland Barthes, *Roland Barthes par Roland Barthes*, 1975, p.122.

6 http://goodcitylife.org/smellymaps/project.php

7 Senrory Maps, https://sensorymaps.com/portfolio/smellmap-paris/

8 Daniele Quercia et als, Smelly maps, "The Digital Life of Urban Smellscapes", 2015, https://www.researchgate.net/publication/277334558_Smelly_Maps_The_Digital_Life_of_Urban_Smellscapes, https://sensorymaps.com/ portfolio/smellmap-paris/

9 생활폐기물은 사업장폐기물 외 가정에서 또는 사업장에서 발생되는 폐기물로서 일상생활에서 나오는 폐기물을 일컫는다. 서울 폐기물 자료: https://www.recycling-info.or.kr/rrs/viewPage.do?menuNo=M130201, 파리 폐기물 자료: https://www.paris.fr/services-et-infos-pratiques/environnement-et-espaces-verts/dechets/la-collecte-44

10 Damon Stetson, "17-DAY STRIKE ENDS AGAINST COMPANIES COLLECTING TRASH", 《The New York Times》, 1981.12.18, https://www.nytimes.com/1981/12/18/nyregion/17-day-strike-ends-against-companies-collecting-trash.html

11 자원순환정보시스템 사이트: https://www.recycling-info.or.kr/rrs/main.do

12 서울특별시 자원회수시설 사이트: http://rrf.seoul.go.kr/content/acwad144.do

13 오종택, "남대문시장 쓰레기 냄새 걱정 '끝'… 적환장 지화화 완료", 《뉴시스》, 2010.04.19, https://news.naver.com/main/read.nhn?mode=LSD&mid=sec&sid1=102&oid=003&aid=0003194499

14 백웅기, "애매한 여의도 면적, 국토부가 딱 정했다", 《헤럴드경제》, 2012.04.16, http://biz.heraldcorp.com/view.php?ud=20120416001059

15 김연주, "고양시 기피시설들, 대책 마련되나", 《조선일보》, 2008.12.10.

II. 도시의 소리를 듣다

1 허창무, "[한양도성] 백범광장과 숭례문", 《머니투데이》, 2017.10.08, http://moneys.

mt.co.kr/news/mwView.php?type=1&no=2017091816008074375&outlink=1

2 "시청앞 등 3곳 대형 彫刻(조각)분수대 設置(설치)", 《동아일보》, 1978.07.05, https://newslibrary.naver.com/viewer/index.nhn?articleId=1978070500209206016&edtNo=2&printCount=1&publishDate=1978-07-05&officeId=00020&pageNo=6&printNo=17461&publishType=00020

3 김상운, "익산 왕궁리 유적 부근서 7세기 백제 '왕경(王京) 도로' 찾았다", 《동아닷컴》, 2016.8.12.

4 우영탁, "스피커 없는 클래식공연, 잔향으로 감동 물결", 《서울경제》, 2018.06.15, http://www.sedaily.com/NewsView/1S0THYIHCH

III. 도시의 피부를 만지다

1 물에 떠나니는 도시, Ile flottante, https://www.futura-sciences.com/planete/actualites/developpement-durable-villes-futur-bientot-cite-flottante-lagon-polynesien-65850

2 양정무, 『난생 처음 한번 공부하는 미술이야기 2』, 사회평론, 2016, 501~502쪽.

3 고명찬, 이승호, 「한국의 도시 규모별 습도 변화에 관한 연구」, 『대한지리학회지』, 제48권 제1호, 2013, 19~36쪽.

4 김학현, "악마 기둥에 돌 던지기, 이 의식이 대체 뭐길래", 《오마이뉴스》, 2015.09.25.

5 Cat DiStasio, "Dubai debuts world's first fully 3D-printed building", 《inhabitat》, 2016.05.24, https://inhabitat.com/dubai-debuts-worlds-first-fully-3d-printed-building/

6 Noise and Vibration, Sacramento Railyards Specific Plan Update, KP Medical Center, MLS Stadium, & Stormwater Outfall Draft, Subsequent Environmental Impact Report, City of Sacramento, 2016.

7 Ground-Borne Noise and Vibration in Buildings Caused by Rail Transit, The National Academies of sciences engineering medicine, 2010, p.12, https://www.nap.edu/read/22951/chapter/5

8 http://www.coop-himmelblau.at/architecture/projects/coop-himmelblau-future-revisited

IV. 도시의 맛을 느끼다

1 https://www.minedeselwieliczka.fr/visites

2 Magda Jakubiak, St. Kinga's Chapel in Wieliczka, Poland-the world's biggest church, built underground!, Alteia, 2017.09.29, https://aleteia.org/2017/09/29/st-kingas-chapel-in-wieliczka-poland-the-worlds-biggest-church-built-underground/

3 윤은정, 「피와 눈물로 점철된 슈거로드」, 『살림이야기』, 제09호, 2010년 여름, http://www.salimstory.net/renewal/sub/view.php?post_id=372

4 이광윤, 『브라질 흑인의 역사와 문화』, 산지니, 2015, 85~86쪽.

5 김동욱, "달콤하지 않은 설탕의 역사", 《한국경제신문》, 2016.04.09, http://plus.
hankyung.com/apps/newsinside.view?aid=201604088365A&category=&sns=y

6 경복궁 외조(外朝), 궐내각사와 수정전(보물1760호), http://www.dapsa.kr/blog/?p=5033

7 김동일, "'53년 주둔 美 2사단' 의정부시대 막 내린다", 《경기일보》, 2018.09.18,
http://www.kyeonggi.com/?mod=news&act=articleView&idxno=1521453

8 한국향토문화전자대전, 여수동 갈매기살촌, http://www.grandculture.net/ko/Contents/
Index

9 이재준, "성남시장 친인척 '갈매기살 부지' 특혜", 《조선닷컴》, 2009.02.24, http://
srchdb1.chosun.com/pdf/i_service/pdf_ReadBody.jsp?Y=2009&M=02&D=24&
ID=2009022400083

10 제159회 성남시의회 도시건설위원회회의록, 2009.02.12, http://www.sncouncil.go.kr/
CLRecords/MRetrieval2/index.php?daesu=5&hfile=5C0850159021.html

11 최인진, "특혜논란 '갈매기살 단지' 요양병원 들어선다", 《경향신문》, 2015.11.17, http://
news.khan.co.kr/kh_news/khan_art_view.html?artid=201511171409211&code=620109

12 주막의 개관, 한국콘텐츠진흥원, http://www.culturecontent.com/content/contentView.
do?content_id=cp070700140001

13 박영순, "정동구락부 항일운동, 커피와 함께 사라지다", 《신동아》, 2016.10.28.

14 주용진, "옛 미국대사관 직원 숙소의 미래는?", 《SBS 뉴스》, 2013. 10. 19.

15 안재만, "법에 막힌 '여고앞 호텔'.. 대한항공 왜 강행했나", 《이데일리》, 2012.01.13,
http://www.edaily.co.kr/news/read?newsId=02210726599397392&mediaCodeNo=257&
OutLnkChk=Y

16 이도연, "관광호텔 '학교인근 건립 규제' 완화", 《연합뉴스》, 2016.03.12, http://www.
yonhapnews.co.kr/bulletin/2016/03/16/0200000000AKR20160316050400030.HTML

17 이원희, 최두남, 「알바로 시자 건축의 공간 시퀀스 생성 전략에 관한 연구」, 『대한건
축학회 학술발표대회 논문집』, v.32 n.1(계획계), 2012, 165~166쪽.

18 https://www.ot-montsaintmichel.com/fr/histoire.htm

19 장인용, "배추 김치 고작 100년의 역사다", http://www.seehint.com/word.asp?no=11140
김치, 네이버 지식백과, https://terms.naver.com/entry.nhn?docId=3570056&cid=58840
&categoryId=58856, 김상우, "고추 전래설의 진실? 임진왜란 전파설 '뒤집기'", 《식품
외식경제》, 2018.03.30, http://www.foodbank.co.kr/news/articleView.html?idxno=54586

사진 출처